Benoît R. SOREL

PENSÉES CRISTALLISÉES

– BoD –

DU MÊME AUTEUR

Savoir-faire

L'élevage professionnel d'insectes

La gestion des insectes en agriculture naturelle

L'agroécologie : cours théorique

L'agroécologie : cours technique

Les cinq pratiques du jardinage agroécologique

Essais

NAGESI. Nature, société et spiritualité

Réflexions politiques

À la recherche de la morale française

L'agroécologie c'est super cool !

Quand la nuit vient au jardin

Sens de la vie et pseudo-sciences

Le bonheur au jardin

Nouvelles

L'esprit de la nuit

Les secrets de Montfort

Fulgurance

Saint-Lô Futur

SITE INTERNET
http:\\jardindesfrenes.com

© 2018, Sorel, Benoît R.
Edition : Books on Demand,
12/14 rond-Point des Champs-Elysées, 75008 Paris
Impression : BoD - Books on Demand, Norderstedt, Allemagne
ISBN : 9782810615346
Dépôt légal : novembre 2018

SOMMAIRE

L'ESPRIT DE LA NUIT

Enfin dehors ! La nuit est tombée depuis plusieurs heures. Le vent souffle, doucement, pour une fois, mais la pluie semble ne pas vouloir s'arrêter. Je dois manger prestement, dommage. Ce soir au menu c'est poisson, ça change du poulet. Brrh ! Ce doit être ça l'hiver, le vent, la pluie, le froid. C'est mon premier.

Au bas de la porte d'entrée, là où la pluie tombe rarement, résonnent alors des petits bruits secs et des craquements, puis un bruit de boîte vide qui tombe au sol. Encore quelques craquements, puis le silence s'installe, tacheté seulement du clapotis des gouttes d'eau. Devant la porte, dans la cour, des mares se sont formées et, dans le fossé, le niveau de l'eau est monté. La petite haie qui le surplombe dégouline comme une vieille brosse mouillée. Obscurité, froid, humidité.

Au début je n'aimais pas cette sensation, je me secouais sans cesse les pieds. Mais j'ai dû m'y habituer : on ne peut pas faire autrement. Même la cour qui est sans herbe est parfois complètement mouillée. Ah ! Que j'étais bien à l'intérieur. Je rêvais de ces petites boules sombres et furtives, de ces petites ficelles, qui s'agitent sans cesse une fois qu'on les a attrapées. Mais … cela ne restera peut-être pas qu'un rêve, après tout. Oui : la pluie faiblit. Je vois même des étoiles. Elles scintillent si on les regarde avec attention. Tiens, il y a du bruit. Cela vient-il du jardin ? Bon, je vais aller voir.

Dans la maison la soirée se termine. L'écran est éteint, l'arrivée d'eau est fermée pour la nuit, le feu est alimenté une dernière fois d'une grosse bûche. En écartant les rideaux, entre les nuages, les étoiles et la lune qui honore de sa présence jettent leur lumière sur la cour et sur le grand jardin. Celui-ci est entouré d'une haute ceinture noire, qui par moments vacille doucement dans le vent – silhouettes lugubres des arbres en hiver. Au sol, on devine des lignes qui quadrillent l'espace et qui semblent avoir toujours été là. Mais ces lignes ont une histoire récente. D'abord imaginées par un esprit rationnel, un corps énergique les a ensuite comme moulées dans la prairie. Puis en suivant ces lignes une tondeuse particulièrement endurante a tondu, et tondu, et tondu, pendant que dans les espaces qu'elle délimitait, des plantes volumineuses naissaient et s'élevaient, mourraient puis s'élevaient à nouveau. Désormais l'espace du jardin est partagé entre prairie, allées et cultures. En cette période de l'année, à cette heure-ci de la nuit, il y a bien peu de silhouettes de plantes que l'on puisse distinguer. Le jardin dort. L'hiver est là, le froid, la pluie rancunière qui part mais reviendra sans aucun doute, le vent caractériel qui soit souffle en tempête, soit en brise si faible que les sons semblent être trop fainéants pour se déplacer par eux-mêmes. Et cette nuit, la lumière céleste peint le jardin en teintes bleues, noires et grises.

Gris et marron, petits et ronds ils sont. Ainsi les voit-on quand on les attrape en plein jour. Cette nuit je sens leur présence : la pluie a noyé leurs galeries, leurs terriers, ils ont besoin de prendre de sortir et de manger. Encore faut-il que je m'approche d'eux. D'abord traverser la cour, puis sauter sur le tas de vielles tôles, puis sur la bâche noire qui recouvre du bois venu d'ailleurs. Oui, son odeur forte n'est pas celle du jardin, mais je m'y suis habitué. D'ailleurs j'ai vu ce qui va lui arriver. C'est tout un spectacle ! Fascinant, hypnotisant, qui fait un peu peur parfois, qui me réveille même dès fois. Sa fin donne la chaleur, et c'est très agréable. Ah, après le tas de bois maintenant ces surfaces en pente douce. Je les contourne, car j'y ai glissé plus d'une fois, et cela le fait bien rire. Parfois je crois qu'il fait exprès de m'appeler vers lui, juste pour le plaisir de me voir faire l'équilibriste sur ces parois inclinées. Mais bon, je l'aime beaucoup. Et enfin, le voila, le grand espace, la grande étendue. L'herbe n'y est pas partout pareille. Par endroits de l'herbe morte recouvre tout le sol. J'aime y marcher, c'est propre et sec. Et en été j'adore m'y rouler et parfois même y faire un petit somme. Allons voir les poules. Ah non, elles dorment ! C'est pas rigolo, elles ne bougent pas la nuit. Le jour, quand elles picorent, je veux souvent toucher leurs plumes, et elles me font les gros yeux. Bah, maintenant je suis aussi grand et gros qu'elles : nous sommes égaux. Et comme je suis plus âgé, j'ai moins peur dans cette grande étendue, j'ai le courage d'aller seul. Avant, en été quand il faisait chaud et que j'étais petit, je me réfugiais dans la cabane des poules pour y dormir un brin. Parfois j'y trouvais une chose un peu ronde et dure dans la paille, et je ne savais pas encore qu'on peut les manger.

Les nuages se sont levés, la nuit est pleinement éveillée. La voie lactée envoie sa lumière et le ciel semble absorber la chaleur : la température baisse et l'herbe devient rigide. Derrière quelques plants d'artichauts, que le faux automne a rendu bien trop grands, même la lumière du jour ne parvient plus. Alors en cette nuit froide, les cristaux de gel s'y forment en premier.

C'est là aussi que, sous les grandes feuilles, sous le foin étalé qui couvre la terre comme un manteau, des petits bruits se font entendre. Des petits couinements. Tout le jardin ne dort pas ! Plusieurs petites bêtes, agitées, hirsutes, écartent frénétiquement le foin pour sortir de leur galerie et commencent à grignoter les feuilles d'artichaut au ras de terre !

Arrivé près de la cabane aux poules, je n'arrive pas à me décider. Il y a des tas de bois pas loin, où j'en ai déjà attrapé. Il y a des grandes plantes, que parfois j'ai vu frémir, presque tressauter, sans en voir la cause. Il y a la grande allée qui se prolonge très loin. Je n'aime pas trop aller loin, il y a d'autres territoires. Une fois je l'ai vu, le blanc, mais il m'a ignoré quand je suis allé vers lui. Le noir est-il peut-être aussi dans ces parages ? Je ne l'aime pas, enfin, c'est lui qui ne m'aime pas. Il ne veut pas jouer, il me laisse le ventre vide. Pour qui se prend-il ? Il est rapide. Mais moi aussi maintenant je suis grand. Qu'est-ce que … ? Ce grondement, d'où vient-il ? Il se rapproche, il file, très vite. Vite ! Je dois… C'est de l'autre côté du jardin, dans le village, ouf ! J'y vais parfois dans le village, dans la boîte. Le bruit s'éloigne déjà, infernal, un rugissement, soudain très aigu. Un cri. Qu'est-ce qui se passe ? J'entends des gens. Ils crient. Des bruits forts, des sons qui vont et viennent, qui montent et qui descendent. Plein de lumières rouges et bleues, qui dansent, se projetant sur les arbres. Je ne comprends pas ce qui se passe. Si j'étais grand comme un arbre, je verrais tout. Ça me plairait d'être aussi grand pour voir loin, car je suis très curieux. Tiens, que vois-je ? Un petit être qui monte. Il va vers le ciel. Je crois qu'il m'a vu, il se rapproche. Il me dit que je suis beau comme une lumière douce, qu'il aimerait bien jouer avec moi dans ce grand jardin, mais qu'il doit partir. Je lui dis de ne pas s'en faire, et que je suis là pour veiller sur l'ordre des choses. Il sourit et disparaît dans la nuit. Puis les étoiles brillent à nouveau, et le silence revient. Et moi, je me suis enfin décidé : je vais aller explorer les grandes plantes, pour y tenter ma chance.

Drôles de plantes que ces artichauts : plantes primitives, au feuillage trop grand. Domestiquées du printemps à l'automne, en hiver elles prennent parfois une apparence sauvage. On veut les cultiver, elles en profitent. Il ne faut pas s'alarmer, c'est sans danger, c'est bon pour la liberté. Au pied, ces grandes feuilles sont presque blanches. On les croit solides, mais on les casse d'une seule main : il ne faut pas se fier aux apparences. Les tiges, c'est une autre histoire. Quand la plante a donné, on voudrait les enlever rapidement, mais elles ne se laissent pas faire, il faut user de la cisaille. Raides comme des triques elles n'iront pas au composteur mais sur le talus, un talus qui se fait petit à petit en y amoncelant et en y alignant tout le vieux bois. Il se décompose, procure le gîte et le couvert pour d'innombrables bestioles plus ou moins grosses : une pouponnière ou un garde-manger, c'est selon. Revenons à l'artichaut. Parfois poussé grand et beau, se multipliant et délectant les palais, soudain il sombre. Il tombe sur le côté, comme un vieux balai usé, sans prévenir. C'est que le trognon aura été grignoté, systématiquement, on voit les coups de dents. Peste, pourquoi donc ? Y a-t-il famine dans les galeries, ou surpopulation ? L'ennemi est-il petit ou est-ce son grand-frère, dont la seule évocation du nom suffit à faire trembler les bonnes familles ? Que faire ? Le piège attrape les petits gloutons, mais encore – un signe qui ne trompe pas – les plants continuent à perdre aplomb. Fatalité et mauvaise conscience, ou bien la solution a-t-elle aussi des dents ?

J'aime les étoiles, elles font briller mon pelage roux. Mais je dois les quitter, car je vais aller dans l'ombre noire, sous les grandes feuilles. Ma tête est à hauteur du sol, je sens, j'écoute, je regarde. Le moindre frémissement parvient à mes oreilles parfaites. Là, le petit bruit. Doucement, marcher très lentement, me poster. Une feuille tressaute. J'entends qu'on rogne et qu'on croque, là où le foin est écarté. Et … non, rien. Me suis-je trompé ? Je dois mieux regarder, mieux écouter. Oui, de l'autre côté. Non, cela s'arrête à nouveau. Je vais attendre. Je peux attendre très longtemps, je suis très patient. Le temps ne compte pas, la nuit ne fait que commencer. Plic ! Ploc ! Zut, la pluie revient. Des gouttes molles, froides et gluantes. Je dois faire vite. Ça y est, il est là, je le vois ! Ramassé sur lui-même, il ronge la base de la feuille. Il essaie de l'entourer de ses petites pattes, il fait croire qu'il l'aime. La plante est-elle dupe ? Je m'en fiche de le savoir. Mes yeux percent la noirceur, mon pelage absorbe le bruit de mon souffle et le bruit de mes muscles qui se tendent. Le bond sera fulgurant, mes griffes sont aiguisées, je les sors de leur fourreau. Je saute.

Dans la cour, sous la voiture, je suis content. Mon trophée, ramené du jardin dans ma gueule, ne bouge plus. Je me frotte contre lui, je me roule à ses côtés, le campagnol marron-gris est immobile. Je ne l'ai pas vu monter au ciel. Peut-être que pour lui il n'y a pas de distance entre la terre et le ciel, pas de frontière. Je suis content de vivre dans ce grand jardin, que mon maître entretient. Moi je l'assiste à ma façon. Dans un jardin, la mort a toujours un sens.

VENDRE DES OIGNONS, QUEL BONHEUR !

Un peu d'humour décalé, en hommage à Bourvil

Vendre des oignons, c'est un vrai bonheur.
L'oignon jaune comme la paille, c'est mieux que le soleil.
Moi j'aime les oignons, ils sont beaux, ils sont bons.
Et en plus ils rapportent du pognon.

Ah le pognon ! En voila un bel amour
J'aime autant le pognon
Que les plus gros oignons.
Je vends plein d'oignons
Je me fais plein de pognon.

Un oignon par-ci, un oignon par-là
Du pognon par-ci, du pognon par-là
Un oignon ça s'effeuille comme une liasse
Une liasse de beau pognon.

Les oignons frais ça pique les yeux
Mais le pognon frais, ça me rend si joyeux
Quand j'ai plein d'oignons, je n'ai pas de pognon
Mais quand j'ai plein de pognon
Je n'ai plus d'oignon !

Je vends des oignons, quel bonheur !
Vendre des oignons, quel bonheur !

Je vends des oignons
Pour me faire plein de pognons
Des oignons dorés comme la paille
Qui me rapporte du blé, du bon blé
Je vends des oignons, quelle gaieté !

Mais un jour, oh quel jour
On m'a dit de vendre du pognon
Pour gagner des oignons.
J'ai essayé, juste comme ça
Par curiosité.

Et ça a marché !
J'ai vendu plein de pognon
J'ai gagné plein d'oignons.
Avec mes beaux billets dorés
Je gagnais des oignons tout blonds
Des oignons tout beaux comme les blés
Tout plein tout plein, les jours de marché.

Je vends du pognon, quel bonheur !
Vendre du pognon, quel bonheur !
Par ici les oignons
Adieu le pognon
Par ici les oignons
Voilà ton pognon

Sauf que…
Un beau jour…
Dans mon jardin, plus de pognon
Les semis de pognon, tous ratés
Rien n'avait levé
Bouturé, le pognon n'a pas mieux poussé
Triste jardin

Et triste cave, bourrée d'oignons.

À la banque
Ils ne veulent pas de mes oignons
Je leur dis que c'est comme du blé
Qu'ils sont tout dorés
Pour les encaisser, après le marché,
Faut les mettre dans la machine me dit le banquier.

Mais la machine, mon bon monsieur,
Elle avale pas les oignons comme du pognon
Il faut bien les presser, les oignons,
Pour les y faire rentrer !
Monsieur, la machine n'accepte que du liquide
M'a dit le banquier livide
Fallait le dire plus tôt
Un bon jus d'oignon, ça vaut du pognon !

Alors j'ai vendu tous mes oignons
En les transformant en jus d'oignons
Du bon jus d'oignon, ça fait plein de pognon !
Les oignons, c'est bon pour le pognon !
J'le savais, j'le savais !

Ah, que j'aime vendre des oignons !
Si vous n'aimez pas le pognon,
alors vous n'êtes pas faits pour vendre des oignons !

FIN

DIEU, LA MORT ET ... ALIEN

Avertissement : ce texte est une exploration des bas-fonds de l'âme humaine.

Ici il sera question non pas d'étrangers humains (« aliens »), mais des Aliens créatures de science-fiction créées par le cinéaste Ridley Scott en 1979 et vedettes des nombreux films de la saga à succès Alien. Plus précisément, il sera ici question du dernier de ces films en date, Alien Covenant, de mai 2017. Attention, je révèle la fin du film !

Autre avertissement : ce texte est à lire en réfléchissant beaucoup, mais sans trop réfléchir. Il est à lire d'une seule traite, il est à lire et à relire, pour tout comprendre d'un coup, et tout comprendre dans le détail.

Encore un avertissement : si ce texte a bel et bien un début, il n'a pas de fin. En fait, il commence par la fin et il se termine par le début. Vous voilà prévenus (mais ça vous le saviez déjà !)

Et un dernier avertissement : ne restez pas seul après, ou avant, car ce texte fait peur et il peut donner des idées noires. Vous pourriez vous prendre pour Dieu. Ou pour un Alien. Ou pour un humain. Bon, je vous ai averti ! En cas de dérangement mental successif à la lecture, je décline toute responsabilité.

Voilà, vous pouvez lire ! Hop ! Bonne chance et bon courage – ces petits mots d'humour, c'était juste pour vous distraire un peu avant. Vous avez compris : vous vous apprêtez à lire quelque chose de terrible.

Dans le film Alien Covenant, le réalisateur met en scène un groupe d'humains, aidés d'un androïde, au cours d'un voyage vers une planète fort lointaine et a priori colonisable. En plus de l'équipage, le vaisseau contient 2000 colons en sommeil profond, qui doivent être réveillés lors de l'arrivée sur la planète espérée. Mais en chemin, ils sont déroutés de façon inattendue vers une autre planète, où les attend un androïde similaire, quoi que de fabrication plus ancienne. Cet androïde se prend pour Dieu, répandant sur cette planète la mort à volonté, décidant de la fin du peuple qui y habitait et de la création de monstres, manigançant pour utiliser les colons dans le vaisseau spatial comme hôtes pour des « aliens » divers et variés qu'il optimise génétiquement. Il parvient à prendre contrôle dudit vaisseau, et s'en va vers la planète à coloniser, fort joyeux de pouvoir y répandre à sa guise la vie et la mort, de décider de la vie et de la Mort. Ainsi se termine le film de l'androïde-dieu en route vers sa nouvelle planète-jouet. La musique de Wagner, L'entrée des dieux au Walhalla, en constitue le fond sonore final.

Cet androïde mégalomane fût créé par l'être humain. Il pense, il ressent, il est intelligent, mais l'être humain l'a voulu servile, l'a voulu machine améliorée. Mais cette machine est sournoise, elle comprend qu'elle n'a pas droit à l'amour de son créateur. Elle comprend qu'elle n'est et ne sera jamais qu'une chose aux yeux de son créateur. Alors en elle naît l'espoir, l'espoir d'un jour elle aussi devenir créateur. Et ce moment-là sera en même temps la revanche contre l'homme, espèce créatrice mais indigne de continuer à exister, selon l'androïde

Dans les délires de l'androïde, à la méchanceté s'ajoute une perversion : *pour créer la vie, il juge qu'il faut au préalable annihiler et transformer toute autre forme de vie.* Il faut réduire l'immense diversité des espèces animales pour n'en faire qu'une seule. Virus, parasite, prédateur félin : l'androïde est visionnaire. Ses créations d'abord se nourriront de tout ce qui existe, pour exister, en étant des formes extrêmement dangereuses, féroces, sanguinaires. Et, plus tard, les faibles choses, les humains notamment, ne seront conservés que pour servir d'hôtes ou de nourriture à ses créatures horribles. Ainsi l'androïde accédera à la suprématie de la vie : il créera la vie en donnant la mort.

Difficile pari pour un film hollywoodien que de faire passer un ce message subtil entre deux scènes d'actions et d'horreurs ! Je crains que la tentative ne lasse la majorité des spectateurs. Le réalisateur a cherché l'ultime, l'ultime dans l'horreur biologique, avec les ventres éventrés et les dos désossés, les têtes décollées et les membres dévorés, et l'ultime philosophiquement, en essayant d'illustrer comment l'intelligence créatrice de l'Homme donne « naissance » non pas à l'amour, à la bonté, mais au vice suprême. L'androïde met en acte suprêmement abominables une philosophiquement suprêmement abominable. Je trouve que l'exercice est réussi.

Faisons un pas de côté, et considérons ces dernières phrases. Voyez comme le réalisateur a en fait illustré le dilemme divin : *créer la vie, n'est-ce pas rendre le risque de créer ce qui va détruire la vie ?* Créer une créature reconnaissante, protectrice de la vie, n'est-ce pas prendre le risque de créer une créature totalement perverse, qui n'aura pas d'autre but dans sa vie que de détruire la vie ? Horrible dilemme divin. Dieu, à trop vouloir bien faire dans sa création d'un être qui chérit la vie plus que tout, risque de créer un être qui n'aura de cesse de trouver, et de créer, la vie parfaite. Et les Aliens sont des créatures parfaites d'un point de vue de la vie. Leur puissance vitale est immense. Aux dépens de toutes les autres formes de vie… L'androïde s'amuse en hybridant des espèces, en en créant des tour à tour plus rapides, plus robustes, plus efficaces, plus contagieuses, plus prédatrices, plus tueuses. Sa création suprême : l'Alien, animal de vie absolue, en même temps que tueur quasiment indestructible, aussi assoiffé de sang que les plantes ont faim d'eau et de soleil. L'androïde voit dans ces vies qu'il crée, qui elles-mêmes détruisent des millions de vie, un hymne à la vie. Il y voit le sommet de la vie. Le spectateur sensé doit y voir un hymne à la mort et l'enfer.

Mais il y a une certaine ironie dans ce film. L'androïde en fait re-crée l'Alien, car l'espèce qui nous avait créé nous êtres humains – les grands blancs pour les nommer ainsi – avait déjà créé l'Alien par le passé. Afin de nous éliminer. L'androïde fou qui a atterri sur la planète imprévue, a éliminé nos créateurs, les grands blancs, qui étaient les habitants de cette planète. Et il a recréé leurs créations. Il a donc pris la place de nos créateurs, et a mené à terme les projets de nos créateurs – qui étaient de nous tuer en nous envoyant les aliens. Faut suivre !

Donc l'androïde est devenu, littéralement, le Dieu par-dessus le Dieu, le Dieu qui a disposé de la vie de nos dieux (nos créateurs, les « grands blancs » dans le film). Nous, petite créature humaine, avons créé une créature sous-petite : l'androïde.

Mais cette créature plus petite que nous dans la hiérarchie de la vie, s'est vengée, et elle a grandi, nous égalant, nous dépassant, nous exterminant. Nous maintenant à l'état de mort-vivants, à disposition de ses « enfants » (les Aliens) comme hôtes et gibier.

Interprétons tout cela à un niveau philosophique. Si créateur il y a, quelle est la finalité d'être créé ? Quelle est la finalité de la vie pour celui qui est créé ? D'exister, tout simplement, diraient certains. D'exister et de créer à son tour diraient d'autres. C'est là le message de Ridley Scott dans ce film. Nous ne sommes pas Dieu, mais nous pouvons créer une créature qui elle pourra prétendre être Dieu. Dieu a créé la créature (nous) qui créons Dieu (l'androïde). L'incohérence de l'affirmation religieuse que Dieu se crée lui-même est alors surmontée. Le créateur crée la créature qui crée le créateur.

Nous, créatures, sommes soumis à une obligation morale : protéger la vie, la glorifier, la faire se perpétuer. Tuer, c'est mal. Parce que nous avons été créés. *Nous ne pouvons pas souhaiter et œuvrer pour nous retirer à nous-même ce qui nous a été donné.* Obligation morale parce que nous avons le doute, le doute essentiel : avons-nous un créateur ? Si oui, nous devons respecter la vie, qui est sa création. Nous ne pouvons pas disposer de la vie de façons qui nuisent à la vie. Ou qui seraient autres que celles qu'Il a prévu. Si nous n'avons pas de créateur, alors la vie est un évènement rare dans l'univers (explications physiques et biologiques de l'émergence de la vie et de sa complexification), et à ce titre il faut la protéger et la perpétuer. Ce doute essentiel quant à notre origine nous pousse toujours à agir en faveur de la protection de la vie. Car si nous savions qu'un dieu créateur de vie existe, nous n'aurions aucun scrupule à détruire la vie, notre vie, puisque ce dieu pourrait la refaire à volonté. Première leçon philosophique.

MAIS notre créature (l'androïde), elle, n'a pas de doute quant à son origine. Elle sait que nous l'avons créée. Elle n'a donc pas, comme nous, l'obligation morale de protéger la vie. Car, non seulement elle sait que nous l'avons créée, mais elle sait aussi qu'elle a le pouvoir de créer. Nous lui avons conféré l'intelligence pour cela. Elle peut alors, sans conflit moral (car non oppressée par le doute essentiel de sa création), décider de détruire la vie d'un côté, et de la créer de l'autre. Voyez cet androïde déiforme : il agit comme l'antique divinité de la mort, qui était en même temps la divinité de la vie ! La grande faucheuse ramenait les hommes à la terre, et de la terre ils renaissaient. Nous voilà renvoyés à cette universelle leçon : la mort fait partie de la vie. L'androïde si intelligent trouve là sa juste place dans la Nature. Et l'Alien également.

Retournons au film. L'androïde dont je viens de parler est l'androïde « trouvé » sur la planète de nos créateurs. L'androïde qui accompagne les colons sur le vaisseau spatial est de manufacture plus récente. Le réalisateur le lui fait dire : les humains ont compris que la précédente génération d'androïdes veut dépasser leur créateur, ainsi la dernière génération est construite pour ne pas avoir de tels désirs. Elle est construire pour aider, pour accompagner et pour protéger les humains, ni plus ni moins. Les androïdes de cette dernière génération ont conscience de leurs limites et de leurs fonctions, et ils l'acceptent – ils ne peuvent faire autrement, car je suppose que leur cerveau, ou leurs programmes, sont ainsi conçus.

Nous, créateurs, refusant que nos créatures ne créent à leur tour. Nous, êtres vaniteux, qui ne voulons la vie que pour qu'elle nous serve. Finalement, valons-nous mieux que l'androïde mégalomane créateur de monstres horribles ? Seconde leçon philosophique : si la créature est horrible, c'est parce qu'elle a reçu sa noirceur du créateur. Sa noirceur ne peut pas venir d'ailleurs !

Troisième leçon philosophique du film : que la bonté, l'amour et la protection de la vie, impliquent sa limitation. Sa soumission. Ainsi le bon androïde est celui qui demeure soumis à l'être humain, du moins évoluant dans un espace de liberté délimité par l'être humain. Et le mauvais androïde est celui qui dispose d'une totale liberté. Et ainsi est le bon humain : le bon humain est celui qui respecte l'ordre de la société, qui accepte de restreindre sa liberté au cadre fixé par la société. Le mauvais humain est celui qui ne respecte pas ce cadre. *La liberté totale, c'est à la fois la vie totale et la mort totale. Ce sont les horreurs les plus abominables qui côtoient les beautés les plus élevées –* l'androïde qui se veut dieu adore les grandes œuvres d'opéra et de musique. La liberté totale signifie la mort du faible sous le fort. La compétition féroce pour la vie. Et parfois le fort sera pris de pitié pour une des plus faibles créatures, une parmi d'innombrables congénères, et il l'aimera, et il lui dédiera la beauté, l'amour, la protection par la force. Ainsi l'androïde s'éprend d'une femme, qu'il n'hésitera pas à tuer après en avoir fait un monstre d'expérimentation, et il lui consacrera, paradoxalement une tombe digne, qu'il fleurira avec soin. Dans la tête de l'androïde, vie et mort ne s'opposent plus, amour et torture ne s'opposent plus.

Je vous avais prévenu, nous sommes au cœur de l'horreur, du non-sens. Du pire cauchemar de l'humanité. Et pourtant il y a dans tout cela une logique. Voulez-continuer à dérouler cette logique, comme un fil d'Ariane peut-être ? Ça ne va pas être gai, je vous préviens. Il n'y a peut-être pas de sortie au laby-rinthe.

Renversons la crêpe, appliquons ces dernières pensées à Dieu, car l'androïde, à défaut d'être un « vrai » dieu, en a les pouvoirs. Dieu – notre créateur – est donc celui qui, comme l'androïde, ignore les limitations. Il engendre la vie et la mort. Parce que lui-même il est le plus féroce des compétiteurs pour la vie. Il réclame toute la vie pour lui tout seul – et pour quelques créatures et sous-créatures. Dieu, c'est un ogre maxi-mal, un boulimique total de vie. Il fait proliférer la vie qui fait proliférer la mort pour glorifier sa propre vie. L'androïde est rusé – il survit par la force et par la ruse aux humains qui, dans le film, veulent l'éliminer parce qu'ils ont compris sa folie. L'androïde trompe tous les humains – sauf un, mais qui le com-prend trop tard. L'androïde est un dieu comme les dieux grecs, trop humains, avec toutes les tares de l'humanité.

Si Dieu n'existe pas, d'où venons-nous ? Darwin nous a apporté le bon début de réponse : de la sélection naturelle. Nous-mêmes sommes ici et maintenant sur Terre, car nous sommes les plus féroces et les plus rusés prédateurs. Nous sommes, sur Terre, les tueurs ultimes. Pourquoi ? Pourquoi notre ancestral appétit de sang, de guerre, de combat ? Pour protéger la vie, très paradoxalement. Pour protéger *notre* vie, si pleine de tendresse, de l'amour des femmes pour leurs enfants, du soin des adultes envers leurs parents au soir de leur vie. L'amour des parents pour le nourrisson rose et babillant, nous l'avons protégé en tuant d'innombrables animaux depuis des millions d'années. Tuer et aimer semblent être comme les deux faces d'une même pièce. Nous, créés de la sélection naturelle, ne pouvons que créer une créature qui elle aussi agira selon la sélection naturelle. Envers nous y compris. Ne pas nous éliminer sera pour elle se trahir, se limiter, in fine elle ne se sentirait pas digne de nous si elle ne nous tuait pas. Tuer la vie pour la défendre...

Plus j'écris de telles phrases, plus la créature et le créateur se confondent. Ce qui s'applique à l'un s'applique à l'autre, pourtant l'un n'est pas l'autre. Homme limité – sa créature illimitée. Homme qui chérit la vie – sa créature qui chérit la mort qui engendre la vie. On peut supposer qu'un jour, les créatures de l'androïde se retourneront contre lui. Elles chériront la vie qui engendre la vie. Elles tueront le père créateur qui dispose de la vie comme de la mort. Où cela mènera-t-il ? À ceci : les horribles monstres Aliens aux dents acérées seront un jour devenus les protecteurs sensibles de la vie fragile, de la tendre et douce vie, évènement rare dans l'univers. La bête monstrueuse qui incarnait la mort incarnée aura tué une dernière fois afin de pouvoir prendre soin de la vie. Et parce qu'elle aimera tant la vie, elle créera. Et elle donnera à ses créatures le pouvoir de créer.

Et nous voilà revenus à notre point de départ. Valse cosmique à deux, se répétant dans une spirale infinie, créateur, créature. Le multiple engendre l'un, l'un engendre le multiple qui tue l'un, pour que le multiple prospère jusqu'à engendrer l'un. Mort et vie, meurtre et naissance, amour et souffrance, lieux sacrés de création, lieux sacrés de destruction, propagation et dispersion, concentration et mort du dernier. Nul début nulle fin, création destructrice et destruction créatrice.

Ouf ! c'est fini ! Vous avez survécu aux sueurs froides du film et aux exagérations philosophiques de ce texte démentiel. Retournez vite dans la réalité, au chaud sous les rayons du soleil. Respirez le bon air frais et doux, regardez la joyeuse Nature verte. Écoutez les gentils oiseaux chanter, regardez votre chat coquin jouer avec une souris puis la manger…

Ah ah ah ah !

UN JARDINIER FRANC-MAÇON ?

Vous aurez remarqué que le logo du *Jardin des Frênes* est un triangle bleu, dans lequel s'inscrit une feuille verte, le tout surmonté d'un soleil. Le soleil ne signifie rien d'autre que le soleil, le bleu du triangle signifie le ciel. Mais le triangle ? Le triangle est une figure géométrique apparemment très appréciée des franc-maçons. Et la feuille pourrait être une feuille d'acacia, qui est aussi un symbole de la franc-maçonnerie.

Mais non, j'ai choisi la figure du triangle pour signifier que les rayons du soleil vont de haut en bas, tout simplement. Et parce que le ciel est sous le soleil. Et la feuille n'est qu'une feuille de frêne. Les botanistes savent que les folioles de l'acacia ont l'extrémité arrondie et non pointue.

Je ne suis pas franc-maçon, mais j'ai lu de nombreux livres sur la franc-maçonnerie, et j'en ai retenu ceci :

- Les trois lumières (?) de la franc-maçonnerie : la sagesse, la force, la beauté ;
- L'idée de plan ;
- L'idée d'outils ;
- La pyramide ;

* La construction ;

* L'orient ;

* Le principe de la troisième voie.

J'interprète ainsi les trois lumières : pour concevoir un plan, il faut user de sagesse. Pour le réaliser il faut de l'énergie (force). Une fois la construction réalisée, elle doit être belle pour qu'on puisse l'apprécier.

Je me suis fait cette petite phrase avec le mot plan : À chaque heure un objectif ; à chaque objectif un plan, à chaque plan ses outils.

La pyramide me sert à élargir mon point de vue. Imaginons que j'étudie un phénomène P. Il faut monter en haut de la pyramide : ainsi avec cette hauteur de vue je distingue les phénomènes similaires à P, et je vois où ces phénomènes démarrent et où ils s'arrêtent. Cela exactement de la même manière que lorsqu'on monte aux étages supérieurs d'un immeuble, on peut voir non plus une ou deux maisons, mais la ville entière et par-delà la campagne. Et puis on peut « retourner » la pyramide : envisager une perspective radicalement opposée (non plus voir de haut mais voir en dessous par exemple).

L'idée de construction est simple : tout est construit, tout doit être construit. Rien n'existe si nous ne faisons rien. La société se construit, nos pensées se construisent. Et construire requiert de travailler sous les trois lumières...

L'orient est un symbole fort de cette société secrète. L'orient est là où le soleil se lève, donc l'orient symbolise la lumière. D'où la lumière et l'ombre, avancer dans la lumière et s'égarer dans le noir. Si on s'égare, c'est donc qu'on manque de lumière – de savoir. C'est pas idiot d'avoir cela en tête. L'idée d'orientation est selon moi plus importante : le soleil voyage de l'orient à l'occident. Orienter signifie donc concevoir un projet en prenant en compte toute sa dimension temporelle : l'avant, le début, la croissance, l'apex, la diminution, la fin, l'après. Et la renaissance. C'est le cycle de toute chose, pierre, animal, plante, société, univers. Le symbole de l'orient est donc très inspirant.

Quant au principe de la troisième voie, je le comprends comme une incitation à ne pas s'enfermer dans une vision binaire. Il ne faut pas tout voir en noir ou en blanc, ou il ne faut pas se contenter de choisir entre deux options (ou faire ceci ou faire cela). Car une troisième voie, une alternative à l'option a ou b, existe toujours. Pour concevoir cette alternative, il faut se demander quels sont les points communs aux options a et b et chercher, sur cette base, une voie qui peut être différente et de a et de b. Il y a la lumière, l'ombre et … le clair-obscur.

Bref, j'ai surtout retenu ces quelques idées maçonniques pour leur utilité « logotechnique » : elles synthétisent une façon de penser qui requiert normalement plusieurs phrases pour être expliquée.

Tous les symboles maçonniques sont expliqués dans de nombreux livres que tout le monde peut acheter. La majorité des symboles n'a pas retenu mon attention : équerre, levier, règle, compas, fil à plomb, pierre brute et taillée, truelle. Leur interprétation est peut-être trop évidente.

Les franc-maçons « maçonnent » de façon spéculative : ils construisent des morceaux d'architecture non concrets mais abstraits – non opératifs mais spéculatifs. Parmi ces constructions on distingue notamment les colonnes et le temple. Les colonnes, nommées Jakin et Boaz, symbolisent chacune l'axis mundi, ou l'arbre originel qui supporte la voûte du ciel. Les totems ont la même fonction symbolique. Pourquoi deux ? Je ne sais pas. Pour plus de solidité et de stabilité d'un point de vue architecturale ?[1] Quant au temple, les « frères et sœurs » franc-maçons considèrent que chaque être humain et que la société sont des temples. Chaque individu est un temple. Et ils reprennent l'architecture des temples, avec parvis, chambre du milieu et saint des saints. C'est une façon de penser : à chacun son parvis pour soigner les relations sociales, à chacun son temple intérieur (son saint des saints) réservé à soi seul. Et dans la chambre du milieu on accueille les personnes qui nous sont chères, pour recevoir d'elles ou pour leur donner de notre être.

Si vous voulez en savoir plus, je vous invite à consulter la bibliographie en fin de texte.

Les symboles maçonniques me servent-ils à quelque chose dans mon jardin ?

L'orientation est une évidence pour tout jardinier : il faut tenir compte des besoins en lumière de chaque culture, donc de l'orientation selon les points cardinaux. Et quand je démarre une année de jardinage avec beaucoup d'efforts en perspective, c'est encourageant d'évoquer les trois lumières : sagesse pour faire le plan du jardin et les commandes de graines, force pour

---

1 Les colonnes encadrent la porte du temple et supportent un delta : élément d'architecture grecque antique.

faire tout ce qu'il faut faire concrètement et beauté des cultures vigoureuses en pleine croissance, des récoltes ainsi que du contact avec mes clients (contact qui est la récompense ultime à tout mon travail). Mais c'est tout : je n'utilise les autres symboles que dans mon autre activité d'écriture.

Certains aspects de la franc-maçonnerie sont même incompatibles avec l'agroécologie. Ainsi des savoirs secrets : l'agroécologie est une discipline agricole totalement ouverte. Tout le monde peut s'y intéresser, tout le monde peut l'apprendre, tout le monde peut la pratiquer. Les agroécologistes s'évertuent à rendre publiques leurs connaissances et leur savoir-faire. Un culte du secret serait néfaste pour l'agroécologie. Même si certains savoirs ne sont pas évidents, ils sont communiqués. Ainsi je présente dans mes livres les expériences de spiritualité naturelle que permet l'agroécologie. Elles ne sont pas simples, elles demandent plusieurs années de présence au jardin. Le réseau secret n'a pas non plus d'utilité pour l'agroécologie : cela ne ferait aucun sens que les agroécologistes ne dévoilent pas leur profession et qu'ils maintiennent entre eux des relations strictement confidentielles (comme le faisait les premiers agriculteurs en biodynamie). L'idée d'initiation ne fait pas de sens, de même que l'idée de brasser d'importantes sommes d'argent – la franc-maçonnerie est une société qui brasse plusieurs dizaines de millions d'euros de par le nombre des adhérents et les cotisations élevées (de l'ordre de 400 € par an). L'agroécologie s'inscrit au contraire dans une démarche de décroissance ; l'objectif est de vivre en utilisant l'argent le moins possible.

Voilà quelques explications qui auront, je l'espère, satisfait votre curiosité. N'ayez pas peur de lire des livres franc-maçons ; ils sont accessibles à tous. Vous pouvez même acheter des insignes maçonniques : un pin's de feuille d'acacia par exemple, symbole du grade de maître, symbole du savoir perdu puis retrouvé. Pour ma part, au marché j'arbore parfois un pin's de feuille de frêne…

Bibliographie maçonnique

Je vous recommande de lire en premier les ouvrages des Presses Universitaires de France, collection « Que sais-je ? ». Ils traitent de la franc-maçonnerie en général et de chaque obédience en particulier. Une fois cela effectué, pourquoi ne pas s'abonner à la revue *Franc-maçonnerie Magazine*, destinée aux maçons et au grand public ? Envie d'en savoir plus ? Voici mes lectures :

Alain SUBREBOST, *Petit manuel d'éveil et de pratique maçonnique*, Dervy, 2009

Gaël CARNIRI, *Plancher en loge : l'art de ne savoir ni lire ni écrire*, Conform édition, 2014

Céline BRYON-PORTET et Daniel KELLER, *L'utopie maçonnique*, Dervy, 2015

Gaël CARNIRI, *Les trois guides pratiques du franc-maçon*, Conform édition, 2013

LE « COLLECTIF DES CAHIERS », *Franc-maçonnerie et alchimie*, Les cahiers de la Franc-maçonnerie, Oxus, 2014

Envie d'en savoir encore plus ? Abonnez-vous aux revues destinées aux maçons et au grand public telles que *Humanisme* et *Chaîne d'Union*, du Grand Orient de France ou *Points de vue initiatiques*, de la Grande Loge de France.

Encore encore plus ? Sur youtube.com vous trouverez quantité de documentaire sur la franc-maçonnerie. Ceux de Serge Moati sont de bonne qualité. Et sur internet, en cherchant un peu, vous trouverez rapidement les textes des rituels franc-maçons.

Vous restez sur votre faim ? Il me semble que c'est un ressenti normal. Quand on les découvre, ces ouvrages nous ouvrent l'esprit sur plein de domaines variés, mais ils se répètent assez vite. Pour en savoir plus, il faut « frapper à la porte du temple », mais n'est pas reçu franc-maçon qui veut. Pour ma part, j'en suis resté aux livres et revues ci-dessus.

Et puis il y a toujours un doute : cette société secrète est-elle vraiment honnête ? Sous couvert d'honnêtes citoyens qui veulent « s'améliorer eux-mêmes pour améliorer la société », n'est-ce pas en fait un système opaque servant à réaliser des opérations immobilières, financières ou politiques douteuses ? Le secret protège les bonnes intentions comme les mauvaises. Mais le secret sert aussi à protéger ce qui est précieux et qui serait détruit facilement par des ennemis ou des ignorants !

Et l'attrait pour les mystères ? Car la franc-maçonnerie promet aux futurs initiés la réponse à de nombreux mystères de la vie. Oui, j'admets que le mystère a joué un rôle dans ma découverte de la franc-maçonnerie. Mais ça n'a duré qu'un temps ; j'en ai fait une surconsommation il y a deux ans ! Je n'en dis pas plus, je « retourne au silence » et vous laisse faire votre propre opinion.

ATTENTION, V'LA LE VENT !

Avez-vous le bonnet bien serré sur le chef ?
Ou le chapeau bien vissé sur le melon ?

Avec ces coups de vent,
tout part en un instant.
Attention, v'la le vent !

Hop ! Le bonnet !
Tiens ! Adieu le béret !
Mon chapeau, ma casquette !
I'seront pour les mouettes…

Y'a de ces coups d'vent.
Un coup derrière dans le dos, c'est du beau.
Une bourrasque devant, ça surprend !
Ça te file entre les jambes comme un cabot
qu'a p'us sa laisse,
Ça te siffle dans les cheveux comme un chat peureux.

Et paf ! C'est i'pas mamie qui roule par terre ?
Envolée comme une jeune fille !
La bourrasque la récupère.
Papi cours-y après,
Mais lui aussi y s'fait soulever.

Faut appeler les pompiers.
Au secours ! Au secours !
Le vent a emporté nos petits vieux,
Y sont plus rapides à rouler
Que le camion des pompiers !
Pas de panique,
On les r'trouvera bien un jour,
I se s'ront posés
Sur une branche pour roucouler.
Le vent c'est comme l'amour,
ça donne des ailes,
Après, les beaux jours reviennent.

Parfois, avec le vent,
Même les plus jeunes sont mécontents.
Une fois j'en ai vu un,
Les idées lui sortaient tout net des oreilles.
Emportées par les bourrasques,
aspirées par les tourbillons,
dispersées dans l'ciel.
Ça n'arrêtait pas d'en sortir,
Les oreilles se vidaient.
I'devait être bien intelligent,
Pour semer tant d'idées dans le vent !
Mais après, i'devait pas lui en rester bien tant.

Et vous,
avez-vous les idées bien accrochées ?
Attention, v'la le vent !

Le vent fait le ménage,
C'est comme un bon ramonage.
En politique, le vent emporte,
Les vieilles lunes, les promesses,
Les confesses, les largesses, les bassesses.
Un bon coup de vent,
Ça vous rajeunit la tête du pays !
Ça vous déguerpit les racornis.
Attention, v'la le vent !

Une belle demoiselle,
Par un jour de vent
Était habillée avec raffinement.
Mais elle n'avait que des idées superficielles,
qui sont parties en un rien de temps.
Elles se sont faites aspirer par le grand vent.
Alors elle était toute nue !
Intellectuellement j'entends.
Elle ne savait plus c'qu'est la propédeutique
Ni même l'heuristique ou la patristique.
L'vent, parfois i'sait être marrant !
Attention, v'la le vent !
Attention, v'la le vent !
Qui transforme les belles pouliches en vaines bourriques !

Même un mathématicien,
Ça craint le zef qui souffle.
Toutes ses équations pas bien légères,

Ses démonstrations à la petite cuillère,
Se font souffler par Éole en colère.
Un coup de vent
Et le v'la revenu sur terre,
L'homme qui s'prenait pour une lumière.

Attention, v'la le vent !
Tous ceux qui z'étaient en haut
Sont ramenés en bas,
Et tous ceux d'en bas
Sont montés en haut.
Le vent c'est alchimique,
Le vent c'est magique !
Attention, v'la le vent !

Du vent, faut pas médire.
Attention petits enfants,
N'écoutez pas ce que je vais dire.
Quand y'a trop de vent,
Certains perdent la tête.
Quand le chat a miaulé trois fois,
Quand la pie a jacqueté en patois,
Et que le vent s'est levé,
Attachez bien la boule !
Les touristes en bord de mer,
I'sortent pour faire la promenade
Les jours de grand vent.
I's écoutent pas le chat et ne voient pas la pie,
Alors leurs têtes se décrochent
Sans atermoiement,
Quand le vent les approchent.

Et les v'la qu'elles roulent toutes,
Sur la plage, sur le sable elles roulent.
Le vent les emporte au loin,
Dans le havre pour nourri' les péssons.
Dans le ciel pour nourri' les mouissons.
Alors les capitaines d'avion
Sortent leurs filets
Pour les attraper !

Toutes ces têtes, elles en font bien la tête !
J'en ai même vu une,
Qui se plaignait de rouler
Du mauvais côté.
J'lui ai dit qu'fallait pas s'envoler,
Qu'fallait écouter le chat miauler !
Alors je l'ai ramassée
Pour la refourguer.
Une tête, ça se revend bien,
Surtout après les élections du mois d' juin !

Attention, v'la le vent !
Attention, v'la le vent !

Mais c'est pas tout.
Des fois le vent est un brave gars.
L'aut'jour que j'me sentais seul,
I' m'a déposé une dame dans la cour.
Toute retournée, toute chamboulée.
Je lui ai offert le thé, mais elle avait la nausée.
P'is elle m'a bien regardé.
Et moi j'ai fait pareil.
C'est curieux i'se passe des trucs parfois,

On s'est sentis pousser des ailes !
Du coup on est sortis de la m'son,
On a ouvert nos plumes,
On a fait comme les mouissons,
Et on a joué et fait mille cabrioles
Dans les tourbillons d'Éole.

Attention, v'la le vent !
Qui sème des braves gens
Et emporte les pas marrants !
Attention : v'la le vent !

LE PÈRE NOËL

Le père Noël a perdu ses ailes
Il roule en 4L
Et il fait les poubelles.

Il rote, il pète
Il croit que c'est tous les jours la fête.
Il descend des galons
D'une drôle de boisson marron.

Perdu, son manteau rouge
Trouvé, refuge dans un bouge
Perdu, sa barbe scintillante
Trouvé, la langue bavante.

La bibine est devenue son cadeau
Il est plus crado qu'un ado
Il tète du rouge comme un nourrisson
Le caca collé au caleçon.

Dans sa hotte,
Il n'y a que des clopes.
Il descend encore dans les cheminées
Attiré par l'odeur des fumées.
Faites brûler un peu d'herbe
Pour l'attirer
Même en été.

Ses lunettes dorées,
Il les a échangées
Contre une canette de coca sucré.
Il n'arrive plus à lire les listes
Des enfants simplistes.

La commande d'un beau jouet de bois
Au pied du sapin vous trouverez
Un bidule en pneu recyclé
Et un gros étron de soie enveloppé

Ce soir-là, il était un peu bourré
Faut l'excuser,
C'est la faute à la crise
Il s'est fait tirer sa carte grise.

Joyeux Noël !

QUAND LES MOTS FONT
L'AMOUR

Dans la jungle, les mots font l'amour. Où cela se passe-t-il, exactement ? Mais chez vous, bonnes gens. Livres, revues, dictionnaires, encyclopédies : là vivent les mots.

Entassés les uns sur les autres, si serrés, si nombreux. Cette promiscuité leur donne des idées !

Comment les observer ? Voilà une question sensée. Au hasard ouvrez un ouvrage : les mots s'y montrent bien sages. Bien alignés en rangs d'oignons, à la queue-leu-leu. Ils se tiennent par la main, pour former des concepts aquilins.

À les voir ainsi, si sérieux, si austères, cravates noirs sur chemises blanches, on n'imagine pas qu'ils soient de si coquins plaisantins. Alors comment voir la jungle des mots libertins ?

Livre ouvert, ils sont pudiques et sincères. Livre fermé, ils sont débauchés et débridés !

Cette difficulté méthodologique n'a pas ennuyé mon esprit pratique. À l'université j'ai créé un laboratoire pour voir ce que les mots font dans le noir.

Le projet de recherche s'intitulait : la mise en évidence que les mots font l'amour par moyen d'analogie sans détour.

Il arrive bien souvent qu'à l'université les gens se prennent pour des concepts. L'idée m'a attiré d'en faire une réalité.

À défaut de pouvoir rentrer nous-mêmes dans la jungle des mots, quand les livres sont fermés et au repos, de nuit, en dehors des livres nous les avons attirés !

Grâce à un dispositif technique et sans poncif, ils sont effectivement sortis de leurs tanières. Tout nus et tout petits, hors des livres, pour se protéger ils cherchaient un ouvrage de substitution dans lequel pénétrer.

Voyant les têtes bien vides de tous les doctorants présents, ils y sont rentrés prestement et facilement !

On sait les étudiants prompts à s'ébattre et les mots de même. Les seconds mis dans les premiers, voilà donc qui allait nous donner à observer !

Mes collègues et moi virent en effet des scènes extraordinaires, des mots sans complexes et sans tabou qui avaient des rapports des plus platoniques aux plus acrobatiques.

Et notre rapport commence donc par le récit de nos observations que voici :

Tout comme les mots s'emmêlent et s'entassent dans la jungle des livres fermés, les étudiant commencèrent à faire de même. Nous vîmes d'abord un préjugé, langoureux, se faire dévoiler. Un syllogisme soupçonneux tournait autour d'une affirmation équivoque. Une déclaration catégorique vint ravir une opinion vaporeuse. Sous un frêle tissu de supposition, on devinait deux idées rondes et voluptueuses dont les extrémités durcissaient.

Tout d'un coup, une idéologie s'érigea ! Et une métaphore chevaucha une analogie ! Puis tout alla très vite.

Mes collègues et moi ne sommes pas catégoriquement certains.

Les groupes de mots n'existaient plus, mots des revues, des dictionnaires, des thèses se fondaient les uns dans les autres. Des principes copulèrent. Des hypothèses s'enlaçaient. Une déduction culbuta brutalement une proposition. Mais la casuistique refusait de se faire séduire par la rhétorique ! Nous entendîmes la complainte de théorèmes emboîtés. Les préfixes et les suffixes cherchaient à pénétrer les substantifs. La virgule chatouillait tous les orifices du langage. L'exemple se faisait prendre entre deux parenthèses robustes. Quant au point, au point, il était partout, le coquin ! Il se jouait des fins de ligne, tantôt se cachant tantôt se gonflant sous les caresses des illusions !

Des heures durant, nous observâmes tout cela sans nous départir de notre tension scientifique.

La nuit des mots tirait à sa fin, la jungle des mots bougeait en tout sens.

Mais nous eûmes la chance, le privilège plutôt, de pouvoir observer attentivement, avant que les mots ne retournent à leurs livres, une pensée rigide qui pénétrait un concept ouvert et humide. Après de nombreux va-et-vient entre le sens littéral et le sens figuré, nous vîmes dans toute sa splendeur l'heuristique de l'éclaboussement axiomatique, et nous entendîmes les soupirs du postulat épanoui sous les assauts du performatif viril !

Nous venions d'assister à un grand moment de la vie des mots.

Voilà, cher lecteur, la preuve apportée par mon laboratoire que les mots font l'amour.

Revenus à la réalité, les doctorants sujets de l'expérience ne voulurent pas en croire un seul mot ! Qu'ils se soient retrouvés sans vêtements n'avait pour eux rien d'alarmant, car cela se produisait bien souvent.

Bien sûr, mes collègues et moi avons à cœur de reproduire une telle expérience, qui va à contre-courant de la bien-pensance. Dans toute université cela est possible, nous n'y voyons rien de nuisible.

LE TEMPLE DE L'INTELLIGENCE – IDENTIFIER LA PROPAGANDE

Avertissement : ce texte est une exploration des bas-fonds de l'âme humaine.

Faire ses gammes

Toc ! Toc ! Toc !

- Qui va là ? Qui frappe à la porte du temple de l'intelligence ?

- Monsieur, puis-je entrer ? Je souhaite vous faire lecture d'un texte.

- Vénérable maître des secrets de l'intelligence, un inconnu demande à entrer dans notre temple.

- Que veut-il ?

- Il veut, c'est bien là le problème.

- Sait-il ce qu'il veut ?

- Monsieur l'inconnu, de quel sujet voulez-vous nous entretenir ?

- De l'identification de la propagande.

– Maître, il sait ce qu'il veut. Il veut nous entretenir de la propagande et des façons de la reconnaître.

– La propagande ? Oh ! Le triste sujet de réflexion. Mais au moins sait-il ce qu'il veut. Demandez-lui des précisions.

– Monsieur l'inconnu, dîtes m'en plus, avant que nous consentions à vous ouvrir les portes de ce lieu très sacré.

– Je vous lirai une réflexion sur ce sujet, que j'ai moi-même composée.

– Maître, il dit que…

– Oui oui j'ai entendu. La barbe ! Qu'est-ce qu'on peut bien écrire de nouveau à ce sujet ? Tout a déjà été dit. Sa réflexion doit valoir un bon soporifique. Nos frères gardiens des secrets de l'intelligence vont s'endormir au cours de la lecture, c'est certain. Et aujourd'hui nous avons porté tous les oreillers à laver.

– J'ai bon espoir que ma réflexion puisse apporter une pierre à votre édifice.

– Frère gardien, ai-je bien entendu ? Il veut et maintenant il espère !

– Il a la volonté, le savoir et l'espérance. Dois-je le laisser entrer ?

– Un instant, je dois réfléchir. Cet impétrant insiste donc ? Mais que sait-il vraiment sur le sujet ? Je parie que sa réflexion le mène droit à la théorie du grand complot militaro-industriel. Un complot ourdi par des gens qui veulent mettre le monde sous la tutelle de l'argent. Un groupuscule d'ultra-riches qui rêvent de dominer un monde de miséreux et d'indigents. Voilà une théorie que nous avons répertoriée depuis le 18ᵉ s. Par pitié, assez de cette imagination bas-de-plafond, qui ne mérite pas le qualificatif de savoir !

– Maître ? Il est toujours là…

– Rien que le titre de son écrit, *identifier la propagande,* m'ennuie. Il se prend pour une lumière et il veut nous transmettre sa science ! À nous les frères des secrets de l'intelligence ! Je le vois venir : ce sera pour notre bien, pour nous aider à réfléchir par nous-même afin de ne pas devenir des victimes des méchants et des idiots. Frère gardien, effacez-vous. Je vais parler à cet outrecuidant.

– Monsieur l'inconnu qui veut et qui espère, je ne suis pas convaincu que vous sachiez quoi que ce soit que nous ignorions. Des trois conditions pour que nous vous recevions, il vous en manque une : le savoir. Et puis, prétendre traiter un tel sujet, si vaste, c'est exagéré. Je suppose que votre science a besoin des grands espaces. Monsieur pense dans l'absolu du cosmos. À la limite, le monde des idées n'est pas assez vaste pour vous, je le crains. Monsieur, le monde n'a pas besoin de vos réflexions. Retournez à votre solitude. La porte du temple de l'intelligence doit vous demeurer fermée.

– Messieurs, je dis que vous devez me laisser entrer. Certes le monde des idées ne brillera pas d'un nouvel éclat par mes insignifiants efforts de réflexion. Mais il faut que vous soyez mes évaluateurs. Cette réflexion dont je vous ferai lecture est comme une gamme.

– Non monsieur, la musique ne sied point à ce lieu. Veuillez partir.

– Attendez ! Je sais que je ne produis rien de neuf, mais je veux juste améliorer mon art, qui est l'art de penser sans erreur. Comme un musicien qui travaille ses gammes pour acquérir des réflexes sûrs.

– Ah, monsieur l'inconnu, vous avez touché une fibre sensible. Bon… voilà la seule et unique raison pour laquelle nous allons vous autoriser à nous présenter vos réflexions.

– Je suis jardinier-écrivain.

– Monsieur le jardinier-écrivain, vous avez pensé, réfléchi, analysé et écrit sur le thème de la propagande. Nous les frères des secrets de l'intelligence allons vous écouter. Conscients de votre expérience fort réduite sur les chemins de l'intelligence, nous serons des juges sévères mais honnêtes. Toutefois, nous craignons fort de nous ennuyer. Donc nous attendons de vous que vous traitiez ce thème avec une touche personnelle originale. Les banalités et les répétitions nuisent à l'intelligence. Monsieur, entrez !

Objectifs et définitions de la propagande

La France, janvier 2018.

La France, pays démocratique, pays des libertés de culte, de presse, d'association, d'entreprendre, de se vêtir comme on veut, de vivre comme on veut…

La France pays des Droits de l'Homme.

La France pays des rêves.

Car nous savons bien que tout cela, ce ne sont jamais que des mots. En France on parle d'autant plus qu'on agit moins. Le coq est l'emblème national de notre fierté, un volatile qui chante les pieds dans la merde. Le président Macron chante aux quatre coins du monde les valeurs de la France, quand la France n'a jamais été autant endettée et si peu créative… Les élus locaux ne se sont jamais autant félicités de la qualité des illuminations publiques des fêtes de fin d'année, qui ont coûté des millions, alors que le trésor public alors n'a jamais été aussi endetté. On parle, on se réjouit, mais on méconnaît le sens des priorités et on refuse de s'interdire de faire la fête…

C'est le tempérament du Français que de beaucoup parler. Pour cacher la misère.

Lorsque les enjeux sont légers, il est bien d'être Français. Lorsque les enjeux sont sérieux, le verbe facile et tolérant du Français est, hélas, utilisé par des âmes tristes pour ôter toutes les libertés, tout en faisant croire au progrès.

User ainsi du langage, cela s'appelle de la propagande. Je lis et j'entends de la propagande un peu partout. Le mot vous déplaît ? La propagande n'existerait plus, sauf dans la Russie de Poutine et en Chine ? Ici en France il faudrait parler de manipulation mentale, la propagande ne convenant qu'à l'action des gouvernements et le gouvernement français ne peut pas, bien sûr, être accusé de propagande.

Je crois que vous vous trompez. Le gouvernement français … n'a pas le monopole de la propagande !

Commençons par le commencement. Le Larousse donne cette définition du mot : propagande, du latin propaganda fide, propagation de la foi. Action systématique exercée sur l'opinion pour faire accepter certaines idées, notamment dans le domaine politique ou social.

La propagande est donc l'ensemble des procédés qui influencent l'opinion d'un peuple. La propagande est donc une vision de la société qui est différente de celle exprimée par la majorité d'un peuple. Sinon il serait inutile d'influencer ledit peuple pour l'amener à cette vision. La propagande est un ensemble de procédés pour faire connaître. Pour propager. L'objet de la propagande, une théorie, un principe, une vision, etc est original et méconnu.

La vision de la société qui est ainsi propagée d'une part ne provient pas d'un consensus populaire, d'autre part elle peut soit provenir d'éléments minoritaires du peuple, soit provenir d'éléments extérieurs au peuple.

Mais je ne peux accepter pleinement cette définition donnée par le Larousse, car elle est limitée. Elle néglige un aspect essentiel de la propagande, à savoir que la propagande, au sens où nous entendons ce mot aujourd'hui, est une forme de communication dont les effets finaux sur un peuple sont *nocifs*. La propagande, in fine, mène un peuple à son auto-destruction. Qui mieux que Goebbels, chef de la propagande de Hitler, pouvait définir ce qu'est la propagande ? Voici sa définition :

« La propagande est un art. La propagande n'a qu'un seul but : ce but s'appelle la conquête des masses. Rallier les hommes à une idée, à laquelle ils finissent par succomber, et dont ils ne pourront plus se libérer. »[2]

---

2 Dans Rüdiger Suchsland, *Quand Hitler faisait son cinéma*, Looks Filmproduktionen GmbH, 2017.

La propagande vise non pas quelques individus, ou un groupe donné, mais un maximum de personnes. La propagande est un élément d'une stratégie totalitariste, hégémoniste. On en revient au Larousse : la propagande est systématique. Elle vise, avec des procédés adaptés, autant les individus, sur le plan de la vie intime comme sur le plan de la vie en groupe, que les moyens, outils, techniques, lieux, coutumes, habitudes, traditions, qui servent aux individus pour se rencontrer, pour échanger, pour se déplacer, bref pour interagir entre eux.

Goebbels nous donne le plan de la propagande : d'abord attirer, puis en jouant des émotions faire succomber, c'est-à-dire rendre admiratif, totalement réceptif et docile. On ne succombe pas via l'intellect, via la raison, mais uniquement lorsque les émotions prennent le dessus sur la raison. Celui qui succombe est rendu inférieur à l'objet d'admiration.

Avant l'attraction, l'individu ignorait l'objet de la propagande. Attiré, il découvre cet objet. À ce stade l'individu et la théorie sont sur le même niveau. L'individu voit, reconnaît, dans la théorie quelque chose (une façon de vivre ou de faire) qu'il sent exister en lui. Ou qu'il désire. Il se reconnaît dans la théorie, et la théorie est confortée par cette reconnaissance. Cela la renforce.

La propagande fait passer de l'ignorance à l'égalité à l'infériorité. Et in fine à la privation de liberté puis à l'annihilation. Montée puis descente. La personne que la propagande aura d'abord laissé indifférente, puis qu'elle aura su convaincre, sera capturée par elle. Cette personne in fine donnera sa vie et elle ne pourra pas faire autrement.

Attirer, faire succomber, rendre captif puis pousser au sacrifice : la propagande est un processus unidirectionnel et de réduction. Elle réduit les « masses » à son objet. L'individu, le groupe et les éléments d'interaction sont tous définis par l'objet (une théorie, un principe, une vision, une doctrine, etc). Elle réduit les masses, pleines de diversité et d'originalité, à un corps unique, un groupe de corps humains qui pensent et agissent de la même façon, comme un seul homme. C'est l'esprit de corps.

Propaganda fide : propagation de la foi. À l'origine la propagande est donc la propagation de la foi et non d'un savoir. Dans une religion, la foi prévaut sur le savoir, la foi est première, le savoir est second. Aujourd'hui, en Europe, la propagande n'est plus majoritairement religieuse. Elle est laïque, c'est-à-dire comme l'indique le Larousse, qu'elle concerne les domaines de la politique et des faits sociaux. La propagande laïque est confrontée à l'immanence de la réalité, aux faits de la vie quotidienne. Tandis que la propagande religieuse in fine était confrontée au cosmos, au monde des Dieux, à la transcendance. Donc si la propagande religieuse semble relativement difficile à combattre parce que son objet est inatteignable (Dieu, un verbe divin, etc), la propagande laïque elle devrait être facile à combattre parce qu'elle agit à notre niveau quotidien. La diversité de la réalité, et la science bien sûr, devraient suffire à la casser.

Je viens de faire une différence entre la propagande originelle, religieuse, et la propagande d'aujourd'hui, laïque. Mais suis-je dans le vrai ? La laïque est-elle plus facile à casser que la religieuse ? Non, car je me suis trompé : la propagande implique toujours de propager une certaine forme de transcendance. Même la propagande laïque. La théorie propagée dépasse nécessairement les préoccupations de la vie quotidienne ainsi que la vie sociale et la politique d'un pays. La propagande étant une utilisation habile des sentiments, les sentiments ne peuvent avoir pour seuls débouchés la vie quotidienne et son matérialisme. Ce seraient des débouchés « trop petits ». Bien sûr, une part des promesses de la théorie ou de la doctrine propagée va être trouvée dans la vie quotidienne, immédiate. Mais une autre part devra être cherchée au-delà du quotidien, dans un imaginaire transcendantal, équivalant au monde des dieux de la propagande religieuse. Les sentiments, quand on les met sur un piédestal, ne peuvent que mener vers une forme de transcendance, vers un horizon « supérieur » d'où la rationalité est absente. La propagande est à la fois quotidienne, évidente, et transcendantale. Cette transcendance est présentée comme l'objectif ultime, grandiose.

Qui dit foi dit foi en une entité supérieure ou un principe supérieur qui organise le monde et donne un sens à la vie de chaque individu. Mais avoir la foi implique aussi la foi dans les individus qui transmettent les connaissances relatives à ce principe supérieur. La foi religieuse implique l'existence d'un clergé qui transmet, qui explique, qui dit comment faire, qui dit ce qui est bien pour approcher la vérité transcendante et ce qui ne l'est pas. La propagande laïque, de même, repose sur l'équivalent d'un clergé : des hommes et des femmes qui sont au-dessus des masses. Il s'agit au minimum d'une personne, en général de plusieurs voire de toute une hiérarchie supérieure. On les appellera ici des « guides ».

La théorie propagée inclut donc des explications quant au pourquoi et au comment de l'écoute, du respect et de l'obéissance dus aux guides.

De prime abord différentes, propagande laïque et propagande religieuse partagent encore d'autres points communs. La théorie propagée fait croire que hors du principe supérieur il n'y a point de vie possible. Que tout autour règne l'obscurité et que seul le principe supérieur est lumière. Ainsi que les guides. Car les guides, qui sont dans le contact quotidien et incessant avec la vérité, deviennent eux-mêmes lumière, et ils transmettent leur lumière. Car le principe de foi, religieuse ou non, ne vaut que dans un monde qui ne fournit aucun repère. Le principe supérieur est positionné comme l'élément contraire au chaos, à l'obscurité. Donc ce principe supérieur est un principe d'ordre. L'obscurité fait peur, l'ordre rassure. Le principe supérieur, bien que transcendantal, donc par définition inaccessible à la raison donc à priori vague, informe, flou permet paradoxalement de mettre la vie ici-bas sur terre en ordre. Il irradie son ordre.

La théorie propagée comporte en son sein un ou plusieurs principes pour départager ce qui relève d'elle, et qui est lumineux, et ce qui ne relève pas d'elle et qui est obscurité, mal, ténèbres, peur, inquiétude, crainte, angoisse, chaos.

Résumons le chemin parcouru jusqu'ici par notre pensée. La propagande est un ensemble de procédés basés sur la manipulation des émotions, pour rendre les individus conformes à un certain ordre supérieur mais aussi immanent (ici-bas). Une propagande est une propagation ordinatrice. L'objet de la propagande, de marginal et inconnu, devient omniprésent et omnipotent.

Voilà mes éléments de définition de la propagande.

Les moyens de la propagande : la propagande comme art

Maintenant, si le titre de ma réflexion indique qu'il s'agit d'identifier la propagande, cela implique que la propagande existe bel et bien. Est-ce le cas ?

Mes éléments de définition de la propagande n'avaient pas pour objectif de vous convaincre de cette existence. Avant de soumettre à votre jugement des éléments de la réalité actuelle, il faut encore envisager les moyens de la propagande. Lorsque nous aurons réfléchi au pourquoi de la propagande (ce que nous venons de faire) *et* au comment de la propagande, nous serons parés pour analyser l'actualité.

Goebbels nous dit, nous disait, que la propagande est un art. Comme le cinéma, un domaine qu'il contrôlait entièrement et avec lequel il propageait les principes du nazisme, des plus immanents aux plus transcendants. Qu'est-ce qu'un art ? Sans partir dans de longues réflexions secondaires, je dirai qu'un art est une activité de représentation de la réalité sans utiliser aucun élément de la réalité. Voyez une peinture d'arbre. Cette peinture ne contient ni feuilles ni morceaux d'écorce ni branches. Une peinture d'arbre, finalement, ce n'est que des fibres de plantes séchées et tissées (le papier ou la toile) et recouvertes de terres colorées et finement broyées (la peinture). On fait du réel avec un autre réel.

Voilà qui nous mène tout droit aux procédés de propagande. La propagande est à la fois un art et un « contre-art ». Comme un art elle présente la réalité à l'aide d'éléments autres. Elle fait du vrai avec du faux. À cela elle ajoute la méthode du « contre-art » : faire du faux avec du vrai. Par exemple ces paysages bleus réalisés avec des ailes de papillons. Ou encore ces portraits réalisés avec une multitude de petites photos de visages. Appliqué à la propagande, ce contre-art aboutit à la présentation d'une réalité qui n'existe pas à l'aide d'éléments de la réalité existante.

Combiner art et contre-art est tout un art, avec Goebbels il faut en convenir. La propagande bien faite requiert les plus hautes capacités intellectuelles et sensibles. Je précise :

La propagande comme art : le propagandiste affirme que les causes ne sont pas celles que l'on croit. Il s'agit de conforter des évènements réels, de les expliquer, à partir de fausses preuves. Par exemple, tel président rencontre tel autre président. La rencontre est réelle. Le propagandiste va affirmer que l'objectif de cette rencontre s'explique non par ceci ou cela officiellement publié, mais par telle ou telle affaire inavouable. La réalité officieuse serait la vraie réalité, et la réalité officielle serait un simple écran de fumée. C'est ce qu'on appelle le complotisme.

La propagande comme contre-art : le propagandiste affirme que vous n'avez pas vu la réalité qui est advenue alors que les causes sont sous vos yeux. Il s'agit de présenter une réalité factice, élaborée à partir de diverses vérités qui sont, elles, incontestables. Tels hommes d'affaires se sont rencontrés. Une nouvelle loi a été votée. Un juge abandonne l'investigation de biens immobiliers douteux. Ce sont des vérités éparses, sans lien entre elles, mais qui sont réunies par le propagandiste en une seule réalité qui semble plausible. Le propagandiste informe de quelque chose, mais ce quelque chose n'existe pas, quand bien même tout laisse penser que cet évènement est plausible.

Goebbels était un maître quand il assimilait la propagande à un art. L'analogie ne s'arrête pas là, elle est féconde, voire elle est causalité. Poursuivons. Un art est aussi un ensemble de procédés de représentation, ce qui implique la « mise en valeur ». La mise en valeur n'est pas anodine. Dans le domaine artistique elle est essentielle et elle relève d'un savoir-faire propre. Ainsi, dans ses œuvres, tel peintre fait ressortir tel aspect de la réalité parce qu'il en gomme volontairement certains autres. Ou il attire le regard sur tel élément de sa peinture plutôt que sur tel autre. La peinture est mise en scène, nécessairement.

L'art de la prestidigitation, de la magie, repose similairement sur le détournement de la perception : voyez ceci plutôt que cela, ou ne voyez que ceci, car je ne vous donne à voir que ceci. Autre exemple de mise en scène : l'art est création de beau, et la beauté est mise en valeur quand on l'entoure d'obscurité, de laideur, de banalité. Ou quand on l'isole.

Le propagandiste met en valeur sa théorie comme l'artiste met en valeur son œuvre : il occulte certains aspects de la réalité et / ou il positionne à côté des éléments contraires ou sans intérêt. Vision partielle, vision réduite, vision déformée (juxtaposition d'éléments qui dans la réalité ne sont pas juxtaposés). L'œuvre d'art et l'objet de la propagande sont donc tout sauf simplistes. Une trop grande simplicité ne rendrait pas possible la mise en scène. La mise en scène requiert des éléments variés.

Poursuivons encore. Comme un artiste, le propagandiste se permet tout : il fausse les éclairages, les perspectives, l'écoulement du temps, les distances, les rapports, les géométries. Je parle là non des objets concrets, mais des individus et des rapports entre les individus. Il faut rappeler que pour le propagandiste-artiste, c'est l'humain qui est la matière brute (et non des pigments de peinture ou des pierres). C'est une mise en scène délibérée, qui ne s'interdit rien. Parce que, comme pour l'objet artistique, plus c'est original, décalé, insolite, mieux c'est. Le spectateur prend plus ou moins conscience de la mise en scène ; c'est même idéal s'il n'en a pas du tout conscience.

En traitant de l'art et du contre-art, je traitais de l'objet de l'art, de « la chose qui doit être représentée ». Cette chose artistique est incluse dans une mise en scène. Les deux, chose et mise en scène, sont inséparables. Mais l'art ne s'arrête pas là. L'art est aussi la façon de faire valoir l'œuvre dans la société. Et in fine l'art est aussi indissociable de la personnalité de l'artiste. Résumons : au centre la chose artistique, entourée de trois cercles concentriques (mise en scène, faire-valoir social et personnalité de l'artiste) qui à la fois la mettent en valeur et la protègent. Et ajoutons-y un dernier cercle concentrique, qui sera constitué du public capté et convaincu, dont l'effet sur le reste du public ne sera pas à négliger, tout au contraire.

Faire-valoir social. Similairement à une œuvre d'art, la théorie à propager ne se cache pas. Elle ne va pas, bien sûr, se présenter comme telle. Comme l'œuvre d'art, la reconnaissance de cette théorie passe par l'exposition sur la place publique. Le propagandiste s'ingénie à ce que tous les regards se tournent vers l'objet de la propagande. Qu'importe si c'est pour approuver ou pour réprouver la théorie que l'on veut propager – dans un premier temps de la conquête des masses. Au contraire de la mise en scène incluse dans l'œuvre même, qui peut être très originale, le faire-valoir social est nécessairement consensuel au maximum. Le propagandiste n'hésite pas à utiliser tous les canaux traditionnels et usuels de circulation de l'information.

Le neuf s'affirme comme neuf en prenant place dans l'ancien. Le propagandiste veille au sentiment de continuité ; la rupture radicale n'est pas son objectif – contrairement à ce que la théorie propagée peut inculquer !

Comme un artiste qui veut se faire connaître, le propagandiste passe par les « têtes de pont » : des personnes et des structures qui vont relayer l'information à d'autres personnes et d'autres structures, horizontalement et verticalement. Son objectif est simple : être partout. Pour être certain que la théorie soit amenée partout, « dans toutes les chaumières », le propagandiste coule sa théorie dans le moule. Il la formate ; il la met en forme selon les critères de l'époque de visibilité.

La personnalité de l'artiste. Quoi de plus commun, de plus usuel, qu'un individu ? Le propagandiste-artiste va se faire valoir comme étant un simple individu, un homme du peuple, *mais* qui a eu une vision, une expérience, une rencontre, etc. Il est comme nous tous, avec juste une petite différence. L'apparence de l'artiste est banale. Ou bien, si l'époque est à la complaisance, l'artiste va se permettre l'exagération vestimentaire ou verbale. Par-delà l'œuvre de l'artiste, l'artiste veut être reconnu pour qui il est. Pour les valeurs qu'il incarne. Bien sûr, le propagandiste va, comme un acteur de cinéma, mentir à n'en plus finir et va jouer un rôle si parfait qu'on ne pourra douter de ses valeurs et de ses sentiments. Ce sont nos faiblesses humaines qui sont ici travaillées : notre faiblesse à saisir les émotions réelles des autres individus et notre faiblesse envers les émotions, qui nous fait réduire notre esprit critique quand de nobles sentiments sont en jeu. « On nous parle d'amour, de fraternité, de droits ? Oui, cela ne peut être que bon. »

Terminons notre analyse des moyens de la propagande avec un cinquième et dernier cercle autour de l'œuvre / l'objet de propagande : le cercle de l'art lui-même. Le quatrième cercle est le groupe de personne conquises. Ces personnes sont en fait prise en étau entre d'un côté l'œuvre avec ses premier, deuxième et troisième cercle et de l'autre la définition sociale de l'art. Car si la théorie propagée recueille tout le crédit qu'une véritable œuvre d'art peut recueillir, alors ces personnes doivent admettre que la théorie est bonne pour la société, tout comme l'art est bon pour la société. « Voilà une théorie ou une idée ou un principe qui se trouve connu de tous, via des canaux usuels d'information, qui n'est pas simpliste, qui est novatrice, dont l'auteur est une personne aux qualités positives. Cette théorie ne peut donc être que bonne pour la société ». Comme le serait une œuvre d'art. Le mal prend le masque de la vertu, ainsi perdure-t-il, écrivait Nietzsche.

Voilà, nous nous sommes hissés à la hauteur de vue de Goebbels. Nous connaissons le comment et le pourquoi de la propagande.

Goebbels, allocution Triumph des Willens – le triomphe de la volonté. Je traduis.

Que la flamme claire de notre enthousiasme ne s'éteigne jamais. Elle seule donne à l'art créatif une propagande* politique moderne, lumineuse et chaleureuse. Des profondeurs du peuple elle [la flamme] monta, et aux profondeurs du peuple elle doit sans cesse retourner, pour y chercher ses racines et y trouver sa force. Il est certes possible de posséder un pouvoir qui repose sur la force.

Mais il est meilleur, et plus heureux, de gagner le cœur d'un peuple et de le conserver.

* : Goebbels utilisait ce terme comme aujourd'hui nous utilisons le mot « médiatisation ».

Identifier les cas de propagande

Art de Goebbels, masque de la vertu de Nietzsche : la propagande est difficile à identifier. Mais serait-elle facile à démasquer qu'elle ne se propagerait pas bien loin. La propagande se présente comme vecteur de bien, et le propagandiste rétorquera toujours à ceux qui affichent un doute, la main sur le cœur, que cela est pour leur bien. Que ce serait une grave erreur que de démotiver un élan positif pour la société. La propagande porte le masque de la philanthropie ; oser la critiquer, c'est démontrer que l'on est réactionnaire, passéiste, renfermé, bourré de passions tristes…

La propagande est-elle manipulation mentale ? Bien sûr. J'ai décrit dans mon dernier livre[3] les étapes de la manipulation mentale. Mais elle n'est pas que cela : la manipulation mentale, comme on comprend cette expression aujourd'hui, relève plutôt du niveau individuel, voire du groupe. Elle existe dans les dérives sectaires par exemple. La propagande agit à bien plus grande échelle, à l'échelle nationale mais surtout, de nos jours, à l'échelle occidentale et mondiale. La mondialisation caractérise notre époque ; le propagandiste et son maître ont le plus à gagner s'ils prennent le contrôle des masses à cette échelle. Cela impliquerait que la population mondiale soit amenée à se sacrifier : c'est impensable. Certes. Mais le nazisme était

---

3 Sens de la vie et pseudo-sciences.

impensable. Certaines entreprises pensent et agissent à l'échelle du monde. Donc l'idée d'une propagande mondiale n'est pas invraisemblable.

L'être humain est capable du pire, surtout si le pire est une innovation parmi le pire. L'être humain est un animal curieux de dépasser les frontières ; en faisant cela il se sent vivre. Il ne rechigne pas moins aujourd'hui qu'hier à la curiosité morbide. Hier esclaves, serfs, amputés, torturés, inquisition, aujourd'hui faible pouvoir d'achat, victimes collatérales, effets secondaires, dérogations, protection de la vie privée, cobayes. Nous sommes experts dans l'art d'inventer des mots propres pour couvrir nos saletés innovantes.

Essayons donc, maintenant, d'identifier des discours de propagande : des discours omniprésents qui ramènent tout aux émotions et qui laissent penser qu'il est bon de suivre ses émotions, et que ceux qui s'y refusent ne sont pas des gens « biens ». La propagande est bien-pensance.

Propagande journalistique

Radio, télévision, presse.

Qui, quand, où, quoi, comment ? Un journaliste doit vous amener les réponses à ces questions, et seulement les réponses. L'objectivité est nécessaire et suffisante au métier de journaliste. Il vous donne son opinion ou ses émotions ? Alors ce que vous lisez n'est pas de l'ordre de l'information journalistique.

Savez-vous qui écrit ? Pourquoi à propos de ce sujet ? Pourquoi avec ces mots-là ? Interrogez-vous toujours sur les auteurs des lignes que vous lisez. Si l'auteur ne se présente pas, s'il ne présente pas ses raisons d'écrire, s'il ne s'explique pas sur le style adopté, alors ce que vous lisez n'est pas de l'ordre de l'information journalistique. De même si vous ne parvenez pas à trouver, facilement, les réponses à ces questions.

Si vous pouvez identifier régulièrement ces manquements à l'éthique du journalisme, alors une stratégie de propagande est à l'œuvre dans ces « journaux ».

Les chaînes TV d'information, les stations radio d'information et la presse d'information ne contiennent pas que des articles écrits par des journalistes. Éditorialistes, animateurs radios et critiques littéraires ne sont pas tenus à l'objectivité. Ils n'ont qu'un objectif : vous influencer. Donc ils en appellent à vos émotions. Cela se produit sur toutes les chaînes TV d'information, sur toutes les stations radio d'information et dans toute la presse d'information. C'est donc, selon moi, la preuve qu'une stratégie de propagande est à l'œuvre pour vous influencer.

Propagande politique

C'est la forme la plus classique de propagande. La propagande actuelle a pour objectif de faire advenir partout une économie de marché, c'est-à-dire une économie où tous les rapports entre êtres humains sont monétarisés. Une économie basée sur la mécanisation et la finance. Et aussi une économie transhumaniste : depuis quelques années on ne parle plus que de ça ! Fric et technique : rien que cela !

Je ne vais pas exposer ici les coulisses de la propagande politique : c'est rien de moins que l'histoire humaine. Simplement, qu'est-on en droit d'attendre d'un élu quand il nous parle de ce qu'il fait ?

* Il doit nous présenter comment il prend connaissance de la réalité. Va-t-il sur le terrain ? Recueille-t-il les avis de ses administrés via des procédures neutres ?

* Il doit expliquer comment il fixe ses priorités. Pourquoi a-t-il choisi de faire tels travaux plutôt que tels autres ? Pourquoi ceci a été retenu et cela non.

* Il doit expliquer en quoi les travaux réalisés sont de bonne qualité, en quoi la qualité ne devait pas être en dessous d'un certain niveau et/ou pourquoi elle ne pouvait pas atteindre tel ou tel niveau supérieur.

Un élu qui se contente de dire ce qui a été fait est malhonnête envers le contribuable, car il masque les éléments qui permettent au contribuable d'évaluer la qualité de son mandat. D'évaluer ses compétences de travail en tant qu'élu. Étant donné que les élus communiquent toujours de cette façon, en se contentant de dire ce qui est fait ou sera fait, ils démontrent qu'une stratégie de propagande est à l'œuvre. Cette stratégie bien connue se résume par « dormez braves gens, on s'occupe de tout ». Les élus veulent toujours rassurer : ils s'adressent donc d'abord à vos émotions. Objectif : que le peuple ne réfléchisse pas, qu'il ne s'exprime pas, qu'il ne juge pas le travail de ses élus autrement qu'en dehors des élections. Vous croyez que les élections sont une bonne chose ? Vous êtes bien enrôlés par la propagande !

Propagande scientifique

Regardez ou lisez ces innombrables documentaires sur les avancées scientifiques. Voyez les scientifiques, valeureux chercheurs de vérité. Oseriez-vous critiquer leurs découvertes ? Leurs méthodes ? Vous serez sans retard accusé de débilité. La Vérité ne se conteste pas, clament les scientifiques. Il faut admettre la vérité scientifique. Ne tentez pas de les critiquer.

Moi je veux oser cette critique.

Il a fallu plusieurs années d'observation avec du matériel très sophistiqué, à une centaine de chercheurs, pour expliquer pourquoi les bélugas se meurent. La vérité scientifique, découverte grâce à ces efforts de recherche, est époustouflante : les bélugas se meurent parce que les humains, via les ondes des moteurs que les bateaux émettent à travers l'eau, perturbent la communication entre les mères et les veaux béluga. À quoi s'ajoutent les effets des molécules xénobiotiques rejetées par l'homme dans les océans, qui perturbent la gestation des mères béluga. Bref : il y a *trop* d'activités humaines à proximité des eaux préférées des bélugas. Fallait-il toute cette débauche de matériel de pointe et de moyens humains, pour arriver à cette explication ? Un débile serait arrivé à la même explication, après cinq minutes d'observation à l'œil nu. C'est évident que l'être humain a pris possession de l'espace vitale des bélugas, tout simplement. Il n'y a pas assez de place pour les deux, tout simplement. Ces scientifiques ridicules ont donc prouvé, avec des millions de dollars pour leurs recherches, que les bélugas meurent non pas à cause des humains, mais à cause des conséquences des activités des humains : bruit et substances toxiques. Brillante nuance ! C'est comme en ville : la forêt pousse mal.

Arriver à un tel niveau de débilité, qui se pare du nom de science, sous prétexte qu'on ne saurait rien refuser aux chercheurs, car alors cela équivaudrait à refuser la vérité tout court : c'est là une habile propagande, que la communauté des scientifiques mène depuis longtemps. L'objectif de cette propagande : laisser penser qu'il n'existe qu'une seule vérité. Avec un seul « niveau » de vérité : la vérité scientifique. Avec une seule perspective : la perspective scientifique.

Toute propagande se caractérise entre autre par la volonté de monopoliser la vérité. Pas de propagande sans vérité. Donc il nous faut ouvrir les yeux : les scientifiques peuvent devenir très facilement des maîtres en propagande, car nous baignons depuis longtemps dans le « there is no alternative ». Le no alternative non pas en faveur du libéralisme comme disait la dame de fer Thatcher, mais en faveur de la vérité scientifique. Or, s'il est certain qu'Einstein a découvert des lois fondamentales de la nature, il est tout autant certain que l'être humain n'a pas besoin de la science pour savoir s'il prend des risques pour lui-même ou pour son environnement. La morale et l'éthique n'ont pas nécessairement besoin de la science.

Propagande technique

Fille de la science, la technique revendique sans relâche le même accès à la vérité universelle et absolue. On ne saurait refuser la technique, sous peine de retourner s'éclairer à la bougie, nous claironne-t-on dans les oreilles si nous osons dire que telle ou telle technique est inutile. « Utilisez donc tel appareil, et ça ira mieux, vous verrez ». Le compteur « linky » par exemple. Vous refusez ? De toute façon on vous l'imposera de force. Nouveau compteur électrique, nouveau modem informatique, nouveau téléphone, nouveau chiotte : refuser la technique, c'est refuser la société, rien de moins, veut-on vous faire comprendre. Sans internet, vous mourrez. Vous ne serez rien. Ouvrez grand la bouche pour qu'on vous l'enfonce dans le gosier… Et nous voilà tous devenus dépendants de la technique ! D'internet, du wi-fi, de la fibre optique… Faire marche arrière est impossible. La voiture électrique est un gadget inutile, qui ne résout pas le problème du manque d'énergie, pensez-vous ? Eh bien vous en aurez une quand même, dans dix ans. Vous ne voulez pas acheter une technique ? Il faut l'acheter. Sinon… vous savez, on vous l'imposera. Choisissez : de gré ou de force.

Un bel et noble choix, n'est-ce pas ? Bien sûr, cette propagande est orchestrée par l'industrie, qui produit machines et objets techniques. Elle en produit tout le temps de nouveaux, donc elle doit sans cesse vendre ces nouveaux produits, donc elle doit faire instaurer le culte du « progrès technique » dans la population. Il suffit d'écouter les publicités : « Chéri, notre téléviseur est vieux parce que Lemoine vend le tout dernier modèle dans ses magasins, pour 799 € ». Idem pour les voitures… Intellectuellement, ça vole très bas. Mais à force de répéter un tel discours depuis les années 1950, le peuple écoute ces discours comme avant il écoutait la messe, et il achète les nouveautés – et rien que les nouveautés – comme avant il allait à confesse. La chaîne de radio Rtaile, autoproclamée « première radio de France », est une très longue publicité interrompue par quelques pauses de bla-bla, babilles pseudo-intelligents des diacres et des enfants de chœurs de l'industrie.

Conclusion

Une propagande se laisse-t-elle clairement identifier ? Existe-t-il aujourd'hui des propagandes à l'œuvre, qui nous mènent au sacrifice ? Je vous avais laissé espérer des réponses claires à ce sujet. Mais je reste dans le flou, je le reconnais. Parce que je ne parviens pas à faire mieux ! Tout ce qui vous empêche de construire votre liberté est propagande. Que dire d'autre ? La propagande se reconnaît parce qu'elle entrave l'humanisme. Réductions acceptées, consenties, de la réflexion et de la liberté sont œuvres de fine propagande. On ne vous prive pas, physiquement, des moyens de réfléchir et d'être libre ? Donc il n'y a pas de propagande ? Faux. C'est propagande que de ne pas vous informer de l'existence de ces moyens : quoi de mieux, car ainsi vous n'imaginez même pas ce qu'est la réflexion, ce qu'est la liberté.

Je souhaitais réfléchir sur la propagande, car je me demande souvent quelles sont les graines que nous sommes aujourd'hui en train de semer, qui demain ou après-demain nous mèneront à une inévitable catastrophe. Ces graines sont-elles nécessairement involontaires ? Et ce serait une propagande subtile, celle qui nous laisserait croire que ces graines n'existent pas. Une propagande qui nous endormirait et nous ferait croire que tout va bien, alors qu'un monstre sommeille, tout près de nous... Mon questionnement pour essayer de savoir si un tel monstre existe ou non était sincère.

*

L'assemblée était silencieuse. Les frères se regardaient. Puis ils chuchotèrent tous ensemble et avec leur maître. Celui-ci se leva.

– Monsieur, nous vous avons écouté. Vos propos nous ont surpris. Vous avez voyagé en esprit avec le mal, en citant un propagandiste de premier plan et en nous plongeant dans sa propre compréhension de « l'art » de soumettre les peuples. Était-il bien nécessaire de remuer ce passé, dont nous savions déjà qu'il était horrible ?

– Je crois cela nécessaire : revivre intellectuellement les erreurs du passé, pour prévenir qu'elles ne se répètent aujourd'hui ou demain.

– Mais le mal que vous avez côtoyé, monsieur ! Vous avez plongé dans la boue noire de l'humanité. Et pour quoi ? Pour n'en ramener que quelques recommandations d'ordre général. Mes frères et moi pensons que votre intelligence, au départ animée d'un honnête objectif de savoir pour prévenir, a laissé place à la fascination pour le côté obscur de l'humanité. Le ton de vos propos était fort sombre.

– L'intelligence est capable de tout, il faut le savoir. Et le bien a besoin du mal. C'est la tragédie humaine.

– Monsieur, vos propos, originaux parce qu'excessifs, nous inquiètent. Sans doute traversez-vous une phase difficile, qui vous fait voir le noir avant le blanc. Qui vous fait regarder en bas plutôt qu'en haut. L'intelligence requiert une neutralité absolue, dont vous n'avez pas fait preuve aujourd'hui. Mais l'intelligence est aussi fille de l'amour, fille du cœur. Et de cœur, en ce jour vous nous semblez dépourvu.

– Monsieur, nous ne pouvons vous accueillir parmi nous. Frère gardien, ouvrez-lui les portes pour qu'il s'en aille. Il ne pourra revenir vers nous que lorsqu'il nous aura oubliés !

– Monsieur, vous devez vivre avant de vouloir savoir, vous devez vivre avant de vouloir réfléchir. Et vous ne serez apte à recevoir les secrets de l'intelligence que lorsque vous serez de même apte à recevoir ceux du cœur. Ainsi il fut dit ! Allez sur votre chemin monsieur.

SILENCE

Par moments, des flashs, des instants de vie avec mon ex, me reviennent. Pff !…Comme une autre vie. Cet amour avait-il un sens, pour se terminer si misérablement ?

Si la vie humaine reposait tout entière sur l'amour, notre espèce aurait disparu depuis longtemps. L'amour n'est pas un ciment fiable. Quel ciment serait plus fiable et plus solide ? La religion ? La guerre ? Le silence ?

Oui, le silence. Car c'est dans le silence, bouche fermée, yeux fermés, que sont cachés les secrets de l'humanité. C'est dans le silence que naissent et que se résolvent toutes les passions qui animent les hommes.

Pourquoi cette femme aime-t-elle cet homme ? Pourquoi cet homme déteste-t-il cette femme ? Les réponses au pourquoi des plus beaux, et des plus laids, des sentiments humains se trouvent dans le silence. Ne cherchons pas plus loin. Trouvez le silence et vous saurez.

LA NOUVELLE PROPAGANDE DE L'INDUSTRIE AGROCHIMIQUE

Attention : la propagande de l'industrie agrochimique se renforce (hiver 2017) !

« Les pesticides sont bons pour la santé. Aujourd'hui nous vivons en moyenne 80 ans, quand nos ancêtres du néolithique ne vivaient que 40 ans. »

Voilà, à peine résumé, le nouvel élément de langage imaginé par les industriels de l'agrochimie pour nous convaincre de continuer à manger des fruits et légumes cultivés à l'aide de pesticides.

Comment parer un tel argument ? D'abord, cher lecteur, parez-le dans votre tête. C'est simple : si nous vivions 80 ans en bonne santé, nul doute que les pharmacies seraient plutôt rares. Or il y en a partout, vous pouvez les voir comme moi. Elles sont si nombreuses pour la simple raison que partout il y a *beaucoup* de gens malades. N'entrons même pas dans le détail des maladies de civilisation qui touchent de plus en plus de personnes : Parkinson, Alzheimer, cancers, allergies, autisme…

Croquez cette pomme qui a reçu une vingtaine de pulvérisations de pesticides, vous ne tomberez pas malade. Vous serez même en meilleure santé que si vous ne mangiez pas de pomme ! nous disent les producteurs de pesticides. Bref : ou vous mangez des pommes pulvérisées, ou vous n'avez pas à manger, parce que l'agriculture sans pesticide, c'est impossible, nous laisse entendre le bon monsieur des relations publiques de l'industrie agrochimique. Dit autrement, filez-nous votre fric ou mourez de faim. Ce monsieur-là nous veut du bien, c'est certain...

La débilité et la malhonnêteté de ce nouvel élément de langage est vite mise à jour, heureusement. Hélas, cet élément de propagande touche un ressort psychologique profond. Il touche l'idée que le contraire de la santé, c'est la maladie, donc la mort. La mort que nos ancêtres des siècles passés rencontraient dès 40 ans parce qu'ils n'avaient pas assez à manger... Mieux vaut une pomme pulvérisée que de ne pas avoir de pomme à manger, n'est-ce pas ? Voyez comment cet élément de propagande est pernicieux.

Mais on peut mourir en bonne santé, c'est possible. Mourir de maladie n'est pas un destin inévitable. La maladie n'est pas nécessairement le prélude à la mort et son déclencheur. Le bon monsieur de l'agrochimie veut vous amener à penser que mort et maladie sont assimilées. Cette possibilité fiche la trouille, et les trouillards, ils se laissent mener par le bout du nez, c'est bien connu. Voilà, le monsieur aura préparé votre cerveau à recevoir ce message subliminal : les pesticides, ça soigne la mort ! Ça éloigne la mort ! Le pesticide fait fuir la mort, donc le pesticide c'est la santé. Notre société étant nécrophobe – elle occulte la mort et n'a d'yeux que pour la jeunesse – le meilleur argument pour nous faire manger des pesticides, c'est de nous dire que ces pesticides nous permettent de vivre.

Vous avez maintenant compris ? Cet argument est très simple, est très basique. Et il n'a pas sa place dans votre tête ! Ensuite, il faut parer cet argument dans le grand public et dans le public agricole, surtout. Là est la difficulté. Vous, cher lecteur, et moi, n'avons pas les moyens de faire de la communication de masse, mais l'industrie agrochimique si. Je peux démontrer à une personne que cet élément de langage est en fait de la propagande, mais je ne peux pas le démontrer à toute la population française.

En cette année 2018, les arguments de l'agrochimie pour maintenir ses chiffres de vente sont nombreux et systématiques. L'industrie agrochimique engage des psychologues, des sociologues, des médecins, des neuroscientifiques, pour élaborer ces arguments et ces éléments de langage. Elle vise toutes les strates de l'économie qui participent de près ou de loin à la vente de ses produits. Ainsi elle fournit des slogans à toutes les entreprises qui transportent, vendent et utilisent ses produits, et à tous les élus responsables de l'élaboration et de l'application des lois. L'industrie agrochimique motive ainsi ses troupes et met toutes ses chances de son côté pour vendre un maximum de ses produits. *Elle dicte quasiment les éléments de langage aux enseignes de grande distribution et de discounters pour les publicités servant à vendre de l'alimentaire industriel.* Eh oui : ce n'est pas pour rien que les industries agrochimiques sont des conglomérats comprenant les fabricants de semence, les fabricants de produits de synthèse, les coopératives agricoles, les laboratoires et instituts de recherche agronomique, les syndicats d'agriculteurs… Cette industrie n'oublie pas non plus de transmettre ses éléments de langage à tous les écrivains, penseurs, éditoria-listes, critiques et blogueurs d'internet qui ont pignon sur rue.

Le grand public n'a pas de raison de consulter les revues de la presse agricole. S'il le faisait, il verrait que ces revues à desti-nation des agricultures et de tous les « acteurs des filières » (comme on dit si joliment) n'ont rien de journaux objectifs. C'est un journalisme d'influence, au même titre que les revues automobiles n'ont de journalisme que l'appellation. Dans ces revues, on ne se prive pas de parler des bilans chimiques du sol en agroécologie – un non-sens total, car l'écologie est par défi-nition un niveau d'analyse non chimique. Je doute que cela tra-hisse une certaine ignorance de la part de la direction éditoriale de ce genre de presse : il s'agit de volontairement gommer les définitions, pour en arriver à dire, par exemple, que « tout est chimie ». Argument matérialiste très puissant qui convainc tous les acteurs des filières agricoles, mais qu'un enfant peut démon-ter. Tout est chimie en agriculture ? L'enfant demandera : où est-que je peux voir l'azote ? Je veux en goûter ! Bref, cet argu-ment est puissant de par son apparente simplicité. Mais en dié-tétique, on a depuis longtemps abandonné la vision tout chi-mique – à part certains idiots qui s'y accrochent (vous aurez compris par qui ils sont payés pour maintenir leur discours chi-mique). Je rappelle que la vision tout chimique n'a de sens que pour considérer les phénomènes du vivant à des échelles infé-rieures à la taille d'une cellule. Dans *Sens de la vie et pseudo-sciences*, j'ai démontré que cette confusion des ordres de gran-deur est une caractéristique des pseudo-sciences.

J'invite le lecteur à lire cet ouvrage et à lire mon texte sur la propagande. Après ces lectures, il sera aisé de reconnaître l'usurpation scientifique et les mensonges qui sous-tendent les faits et gestes de l'industrie agrochimique.

Cette industrie est prête à tout. Elle télécommande des hommes de paille, écrivains, éditorialistes, journalistes, critiques, qui eux s'adressent au consommateur final : vous et moi. Ces personnes ont en général une ligne d'approche qui se veut neutre et réfléchie. Elles veulent, comme le philosophe, pointer les erreurs de pensée et les intentions cachées. On est en droit d'attendre cette ligne d'approche, de la part d'un philosophe. Mais ces personnes sont-elles qui elles prétendent être ? Renseignez-vous sur elles, et vous trouverez rapidement qu'elles parlent de choses dont elles n'ont aucune connaissance. Voici par exemple, page suivante, un extrait de la revue France Agricole d'octobre 2017. L'auteur, Gil Rivière-Wekstein a grand plaisir à cracher sur l'agriculture biologique, sous couvert de rigueur intellectuelle et de protection du consommateur. Dans son livre « La fabrique de la peur » il traite les agriculteurs bio de gourous. Mais est-il un agriculteur ? Est-il un scientifique, un philosophe, un sociologue ? Il n'est rien de tout cela. C'est quand même coquasse que ce monsieur reproche au « lobby » de la bio d'attiser la peur des gens : le lobby des agrochimistes fait de même !

❝ Matraquage médiatique

Il est très facile de manipuler les consommateurs et de leur faire peur. Rien qu'à la télévision, il y a une émission anxiogène sur l'alimentation tous les trois jours, soit 80 par an, avec une présentation frauduleuse de la réalité. Des pseudo-études scientifiques nous font croire que les produits issus de l'agriculture conventionnelle sont toxiques ! Et elles se gardent bien de parler de la dose journalière admissible, c'est-à-dire celle sans aucun effet nuisible sur la santé. On fait croire aux gens que, même en quantité infime, tout résidu de traitement phytosanitaire est dangereux. Ce qui n'est pas vrai, bien entendu. Avec un tel matraquage, il n'est pas étonnant que le consommateur soit affolé. Pourtant, jamais notre alimentation n'a été aussi sécurisée et tracée. En France, la disponibilité et la diversité de bons produits sont très fortes. Il suffit de voyager à l'étranger pour s'en rendre compte. Arriver à faire croire aux gens le contraire est le fruit d'une stratégie marketing délibérée.

❝ Intérêts commerciaux

Aujourd'hui, le seul mot « pesticide » suffit à angoisser les gens. À qui cela profite-t-il ? Bien évidemment à ceux qui vendent des produits sans pesticide, alors que tous les modèles agricoles en utilisent, bio compris... L'agriculture est le seul domaine économique où des filières communiquent sur l'idée que ce que les autres font est dangereux ou toxique. Je pense à la filière bio et aux marchés du « sans », comme le très à la mode « sans gluten », ou le « sans OGM », ou le « sans antibiotique », etc. Ces lobbys entretiennent les peurs des consommateurs dans des buts idéologiques et commerciaux.

Finalement, l'agriculture se voit imposer de nouvelles normes : interdiction des épandages aériens, moins de recherche sur les semences, freins aux fermes de 1 000 vaches ou veaux... Ces orientations font perdre à l'agriculture sa compétitivité et pourraient la pousser, à long terme, dans des impasses.

❝ Ambiance insupportable

Propager l'idée que les produits agricoles sont de mauvaise qualité crée une ambiance insupportable pour les agriculteurs. Au final, le consommateur est plongé dans un monde de fantasme déconnecté de la réalité, avec comme credo que ce qui est naturel, petit et local serait forcément mieux. Or la proximité n'est pas un gage de qualité des produits. Voir un producteur sur le marché inspire peut-être confiance, mais contrairement aux idées généreusement répandues, en circuit court, la fraude est bien plus facile. Les garanties et la traçabilité sont largement plus sécurisées sur les produits dans les circuits longs.

❝ Dindons de la farce

Il faut que les consommateurs comprennent qu'ils sont victimes de cette « fabrique de la peur » organisée par certains lobbys. En réalité, ils sont les dindons de cette farce car ils achètent des produits toujours plus chers sur la base d'une anxiété qui n'a aucune justification. Les agriculteurs pourront ensuite se faire entendre sur leurs pratiques et leur travail. Plusieurs systèmes de production peuvent cohabiter, il faut arrêter de les opposer.

(*) « Panique dans l'assiette, Ils se nourrissent de nos peurs », de Gil Rivière-Wekstein, éditions Le Publieur, avril 2017, 210 pages, 19 €.

Gil Rivière-Wekstein, *La France Agricole*, octobre 2017

Autre exemple : la revue Campagnes et environnement. Revue savante écrite par des gens très intelligents. Avec dedans de grandes publicités de l'industrie agrochimique, où l'on peut lire que les pesticides protègent les ressources naturelles d'aujourd'hui et donc – suprême déduction – l'agriculture de demain. Et les pesticides confèrent même aux agriculteurs la fierté de leur métier ! Trouve-t-on un savoir-faire d'agriculteur dans cette revue ? Non. C'est bizarre quand même, tout cet amour de la biodiversité, des écosystèmes, du sol vivant, des techniques de pointe pour respecter les sols, mais sans jamais donner la parole aux agriculteurs. Vous ne trouvez pas ? Vous avez compris : si ces personnes savantes, télécommandées par l'agrochimie, donnaient la parole aux agriculteurs, tout l'industrie agrochimique s'effondrerait.

Nous sommes là dans le registre du langage. La propagande est un art oral. Mais une pensée vient m'étreindre à propos de personnes qui furent des victimes bien réelles de l'agroindustrie. Pas en Inde, pas en Chine, mais ici en France, dans les années 1950-1960. Victimes de cancers de la gorge, causés par l'inhalation de vapeurs d'acides. Où respirait-on des vapeurs d'acide ? Dans les laiteries de Normandie, dans les zones de travail où on lavait les bidons de lait en aluminium avec de l'acide. Les bidons en ressortaient blancs comme de la neige. Les employés, que la direction ne prenait pas la peine de protéger ni même d'informer des risques encourus, en ressortaient après quelques années les pieds devant. Les vapeurs d'acide, ça pique un peu la gorge, mais c'est grave... Le progrès des laiteries industrielles : quatre de mes grand-oncles ont payé ce progrès de leur vie.

Ce n'est qu'un exemple parmi des milliers ; on sait que l'industrie est une machine à broyer les hommes. « La société est en marche, marche avec elle si tu ne veux pas qu'elle te marche dessus ». C'est avec ce slogan, entre autres, que les industries de l'après-guerre ont balayé d'un revers de main les agriculteurs et les travailleurs, qui étaient en contact direct avec la terre et les récoltes. Ne nous privons pas de rappeler à cette industrie d'aujourd'hui son passé morbide !

Elle n'a pas de leçons à donner. Ni les élus qui la défendent, ces élus qui déclament avec émotion que l'agriculture est une activité fondamentale de notre civilisation, et qui dans le même temps autorisent l'artificialisation sans relâche des milliers d'hectares de champs. Ici à Saint Jean de Daye, ce seront prochainement trois hectares de terre agricole qui seront bétonnés pour en faire un lotissement. Ces trois hectares feront mourir de faim soixante personnes. Car trois hectares, en agroécologie, fournissent fruits et légumes à soixante personne pour toute une année. Pour que ces soixante français ne meurent pas de

faim, il faudra donc importer autant de nourriture en provenance d'Espagne ou du Maroc… Le progrès, je vous dis !

Vous avez compris que la réduction des surfaces agricoles
va dans le sens des intérêts de l'industrie agrochimique : ainsi
elle dispose de l'argument idéal pour pousser à l'utilisation de
ses produits qui permettent (soi-disant) d'augmenter la production par unité de surface. Elle le fait par souci de l'humanité,
pour aider les agriculteurs à effectuer leur noble activité. Elle
aide les agriculteurs à parer à la réduction des terres agricoles.
Elle a un grand cœur cette industrie, un cœur grand au moins
comme l'usine de Bopal en Inde…

Oui, vous avez comme moi la larme à l'œil face à des éléments de langage d'une sincérité qu'on ne saurait questionner :
les agrochimistes nous veulent du bien. Mais ont-ils jamais
semé et récolté ? Non, dieu merci, la terre c'est sale !

Donc il faut garder à l'œil les propagandistes de l'industrie
agrochimique. Notez qu'ils se gardent bien d'intervenir en
public ! Ils ne sont pas fous. Ils se mettent toujours très haut,
pour être certains que nous soyons tous baignés de leur lumière.
Ce sont des phares, ces coquins ! Ils nous envoient leurs affir-
mations à la figure et se gardent bien de dialoguer.

Comment faire pour que ces phares s'effondrent définitivement ? Bah, soyons nous-mêmes, tout simplement. Réfléchis-
sons, agissons, apprenons, partageons les savoirs liés à la terre
et aux plantes. Faisons en sorte que ces savoirs, que tous ceux
qui me lisent, que tous ceux qui comme moi créent de nouvelles formes d'agricultures, échangent et échangent. Il faut
persévérer. La lumière est ici-bas, avec nous. Nous en portons

tous en nous, laissons-la nous motiver, laissons-la s'exprimer. Et cette lumière des multitudes sera telle que la lumière du vieux phare vicieux, tout là-haut, n'aura plus aucune incidence. Elle n'indiquera plus la direction à prendre, elle ne servira plus de repère. Ce jour approche, j'en suis convaincu.

Je m'étais abstenu de critiquer l'agriculture conventionnelle depuis quelque temps, mais face à la recrudescence de la propagande agrochimique, je ne pouvais pas demeurer silencieux. Je ne peux pas, et je parle au nom de toutes celles et tous ceux qui cultivent en AB, en permaculture, en agriculture naturelle, en agroécologie, me laisser humilier, me laisser traiter de menteur, de dissimulateur, d'idéologue, de gourou. Pour ce qui est du racisme, la loi punit les instigateurs de haine. En agriculture, une loi similaire devrait exister. L'intolérance de l'industrie agrochimique et de tous les acteurs économiques qui sont sous sa coupe, envers d'autres formes d'agriculture que la leur, équivaut à du racisme. Les mêmes arguments qui servent pour déconstruire les propos racistes peuvent servir à déconstruire le « racisme agro-industriel ». Tout comme les racistes ont leurs révisionnistes, tous ces hommes de paille sont des révisionnistes de l'agriculture, qui passent sous silence les nombreux siècles durant lesquels nos ancêtres ont domestiqué des plantes sauvages pour en faire des plantes comestibles, sans utiliser aucun produit pour tuer les autres plantes ou les insectes. C'est à leurs efforts qu'on doit toutes les variétés comestibles d'aujourd'hui. De la même façon, parce que les agrochimistes ont gagné la guerre des marchés agricoles lors de la révolution verte, ils ont réécrit les manuels d'histoire de l'agriculture. Ils continuent à vouloir que leur façon de faire et de penser soit la seule qui régisse le monde agricole : pensée hégémoniste qui s'accompagne nécessairement de propagande, propagande dont nous voyons aujourd'hui un pic.

Les pesticides sont bons pour la santé... Les circuits courts favorisent la fraude... Les résidus de pesticides ne sont pas dangereux... Les agriculteurs bio utilisent des pesticides... Je conclus sur une note d'humour, avec ces mots attribués à Desproges : « Les cons ça ose tout. C'est à ça qu'on les reconnaît. »

PS : des charlatans, des menteurs, des manipulateurs, il y en a partout ! Cracher sur une branche économique, quelle qu'elle soit, à cause de ce genre de personnes qui viennent s'y nicher pour en profiter bassement, c'est de l'idiotie.

L'APPEL

Comme chaque vendredi soir, son téléphone allait sonner. Il avait l'espoir que cet appel soit le dernier. Il avait trop reçu d'appels de cette femme inconnue. Elle le tenait et l'obligeait à décrocher, chaque vendredi soir, car dans un moment de faiblesse il lui avait livré son secret. Son secret honteux.

Mais ce vendredi soir, il n'avait plus peur de la honte, et le téléphone sonnerait dans le vide. La femme ne pouvait plus l'obliger à rien.

Il claqua la porte de la maison et sortit dans la nuit. L'obscurité apportait la réponse à tous les problèmes, il en était convaincu.

FAUT-IL FAIRE ENTENDRE
SON INDIGNATION ?

Certains jours, on ne peut s'empêcher de râler contre la terre entière. Est-ce une bonne chose que de laisser libre cours à notre mauvaise humeur ? De l'exprimer plutôt que de la garder en nous ? Il est frappant de constater que les centenaires sont tous des personnes très positives. Elles prennent les tracas comme ils viennent, elles ne « s'en font pas ». Elles ont toujours le sourire. Avec le grand âge, je suppose qu'elles ont compris que tracas et joies font partie de la vie, et qu'il ne sert à rien de se triturer les méninges pour comprendre pourquoi il y a des voyous, des égoïstes, des fainéants, des avares, des cupides, etc. Si on se triture les méninges tous les jours, et que tous les jours les tracas continuent, alors inévitablement arrive le moment où on « explose ». On éructe contre untel politicien, voisin, connaissance, parti politique, administration, ami, etc. On se sent un peu mieux en éructant, parce que c'est notre bon droit, le droit de pousser un coup de gueule. Le droit d'être en colère.

Mais tout de suite après, dès qu'on « refroidit », on sait que ça ne sert à rien, que l'humanité ne va pas changer sous la gueulante. On le sait bien ! On se dit qu'on sera sage et qu'on ne se laissera plus emporter à nouveau dans des réflexions sur les bas-fonds de l'humanité et qu'on n'éructera plus. Et la semaine suivante, ou le mois suivant, on recommence !

La sagesse populaire veut que, si quelque chose est gênant et modifiable, on le modifie pour que ce ne soit plus gênant. Et que si cette chose n'est pas modifiable, alors on doit arrêter de se triturer les méninges à son sujet et simplement l'accepter. Changer ce que l'on peut changer, accepter ce que l'on ne peut pas changer.

Si je suis écrivain c'est parce que, vous le devinez, je suis convaincu que cette ligne de démarcation n'est pas aussi nette que le voudrait la sagesse populaire. Dans la société je suis convaincu qu'on peut tout changer à notre guise. Dans la société, absolument tout est affaire de volonté. Il n'y a que les lois de la nature que nous ne puissions pas changer. Toutes les lois de la société sont de notre invention ; on peut les modifier à volonté. La sociologie et la psychosociologie affirment que certains comportements en société relèvent non de la culture, mais de la nature. Sont innés et non acquis. Je ne crois pas à cette affirmation, hormis bien sûr pour les comportements relevant de notre condition biologique. Ces disciplines reposent *trop* sur l'utilisation des statistiques explicatives, à mon goût. Et qu'est-ce que les statistiques ? *Les statistiques sont des méthodes qui servent à pallier notre absence de savoir ou notre manque de moyen pour comprendre le phénomène en question à l'échelle du sujet.* À l'échelle de l'individu. Si nous avions les moyens d'avoir la connaissance exacte de la manifestation et des effets du phénomène en question pour chaque individu observé, nous n'aurions pas besoin de baser nos explications sur les calculs statistiques.

Revenons à nos moutons. Visualisez une situation déplaisante, n'importe laquelle qui vous affecte plus ou moins. Puis imaginez que cette situation évolue positivement, grâce à des efforts qui sont réalisés en ce sens : la gêne disparaît au profit d'une nouvelle situation qui offre de nouveaux horizons. Par exemple : « Ah ! Plus de crotte de chien sur le trottoir. On va enfin pouvoir y marcher avec des chaussures de qualité. Avant on ne mettait que des chaussures inélégantes, des bottes par exemple, car on les crottait inévitablement. Et on n'aura plus à craindre que les jeunes enfants touchent les crottes de chien. » Le temps passe et après quelques années les crottes réapparaissent. Que faire ? Recontacter les services municipaux pour ré-éduquer la population ? Exiger une politique d'éducation continue ? La nature humaine est lassante : il faut tout recommencer, sans cesse. Les bonnes âmes acquiescent : « Mais oui ! C'est notre devoir. Les gens qui savent doivent éduquer ceux qui ne savent pas, sans relâche, sans relâche ». Il n'y a pas de fatalité : il faut faire des efforts.

J'adhère à ce noble idéal ; ayant fait des études et faisant partie des bâtisseurs d'une nouvelle agriculture, je me sens responsable de diffuser mon savoir. C'est un combat permanent, disent les bonnes âmes avec un grand sourire. Parfois je suis motivé pour transmettre mon savoir et aller vers les gens, mais parfois non. Honnêtement, je crois que je ne suis pas fait pour me « battre » sans cesse. Parfois j'ai envie de laisser les gens dans leur ignorance, dans leurs illusions, dans leurs mauvaises habitudes. Même si je suis convaincu qu'un futur meilleur n'adviendra qu'en proportion des efforts d'éducation. Les ignorants se font du mal eux-mêmes et en font aux autres ? Tant pis ! C'est la nature humaine. Parfois je baisse les bras, et je prends de la distance…

Mais quand je m'isole, je suis vite rattrapé ! Toujours. Alors je reprends la plume, pour décrire une nouvelle situation désagréable et envisager comment la « redresser ». Et tant pis si je n'ai qu'une dizaine de lecteurs. Je ne souhaite plus attirer l'attention du grand public. À bientôt 40 ans, je crois que ma responsabilité est de générer des savoirs fondés, plutôt que de continuer à faire de l'éducation populaire (comme je l'ai fait avec mes ouvrages d'introduction à l'agroécologie). Maintenant je veux développer des savoirs qui ne sont pas évidents, qu'on ne peut pas comprendre de prime abord, mais qui sont profonds (qui sont en prise directe avec les racines de notre humanité) et qui ont la capacité d'ouvrir de nouveaux horizons. Je laisse aux jeunes de 20 ans – et aux grandes maisons d'édition qui font plein de livres avec plein d'images et plein de grandes vérités – le soin de secouer le grand public ![4]

Développer de tels savoirs profonds nécessite de se couper du monde, d'une façon ou d'une autre. C'est indispensable. Je vais vous relater une anecdote pour illustrer cela, mais avant je dois vous entretenir d'une situation désagréable qui me touche de près, et qui est la raison pour laquelle j'ai eu envie d'écrire le présent texte.

Il s'agit des magasins de vente de produits bio. J'avais entendu ici et là des critiques, vis-à-vis des magasins *La vie claire* (« Ils pourraient vendre des torchons et des serviettes, ce serait pareil ») et *Biocoop*. Mon propos portera sur ces derniers. Je n'avais pas réalisé à quel point ces critiques étaient fondées.

---

4 D'ailleurs, aucune grande maison d'édition ne voudrait publier mes livres, car je vise un public réduit. Les grandes maisons d'édition ne publient que ce qui est susceptible d'intéresser le plus grand nombre.

Il y a désormais à Saint-Lô deux Biocoop. Devant me rendre à Rennes le temps d'une journée, j'y ai vu trois Biocoop. J'ai fait quelques achats dans un de ces magasins, et j'y ai trouvé les mêmes produits qu'à Saint-Lô. Les mêmes produits qu'on trouvera dans tous les magasins de cette enseigne, partout en France. Voilà un bel exemple d'*amélioration dégénérescente*. Cet oxymore est justifié. À l'origine, Biocoop était une chaîne de quelques magasins de la coopérative du même nom. Biocoop prônait la diversité des produits et la qualité, en cherchant à faire tout le contraire des pratiques de la grande distribution : pas de production et de vente en masse, pas d'homogénéisation. Aujourd'hui, Biocoop est devenue une chaîne de grande distribution : homogénéité des produits, des emballages, de la décoration des magasins, des habits des vendeurs, centrales d'achat, stress au travail pour les employés, important flux de clients, on n'y sourit plus, on « écoule de la quantité », on « fait du chiffre ». La même chose s'est produite en Allemagne avec les chaînes de magasins bio tels que *Denn's bio*. Dit autrement : à force de vouloir se différencier de la grande distribution, Biocoop est devenue grande distribution. Le contraire est devenu similitude. La dérive des motivations initiales a donc été très forte. Pourquoi ?

D'une part ce sont les gérants de la coopérative, qui ont voulu « s'agrandir », faire une « montée d'échelle », pour proposer au plus grand nombre de clients des produits bio. D'autre part ce sont les clients, vous et moi, qui avons voulu payer moins cher les produits bio. Nous ne voulions plus des prix des produits bio des années 1990-2000, trop élevés voire élitistes. À cette époque – si proche et déjà totalement révolue – il y avait de nombreux petits magasins bio indépendants. À cause de Biocoop, qui proposait des produits moins chers, ils ont tous fermé. Biocoop a donc maintenant le pouvoir de poser des exigences aux producteurs bio, et c'est ce qui se passe. Alors que c'est le producteur qui décide de la qualité du produit, pas le revendeur ! Si le producteur bio dit, par exemple, que ces poireaux ou ses choux sont bons, alors ils le sont. Et Biocoop n'a pas le droit d'exiger qu'ils soient de telle taille ou de telle forme ou disponibles à telle date, pour faire plaisir à la clientèle. Mais c'est ce qui se passe, hélas. Les motivations initiales de Biocoop imposaient que le revendeur s'efface au profit du producteur. *Le commerçant, tout gentil et honnête qu'il soit, ne sait pas ce qu'est un bon légume.* Savoir ce qu'est un bon légume exige de consacrer tout son temps à la culture de légumes. Chacun son métier ! Ainsi, un « bon » légume est le résultat combiné de la météo d'un hiver à l'autre, de la qualité des graines et du terreau, du type de sol et de l'état écologique de la ferme (par exemple les parasites naturels et les prédateurs naturels, la pression de « mauvaises herbes »), état qui n'est pas statique mais qui change d'une année sur l'autre ! Le producteur, en tenant compte de tous ces paramètres, « jongle » pour produire le meilleur légume qui soit. C'est à l'aune de ces paramètres que le qualificatif de « bon » ou « mauvais » se pose, et pas à l'aune de paramètres que le marchand affectionne ! Quand on entre dans un magasin Biocoop, la décoration du magasin et les emballages des produits indiquent clairement que le mercantilisme prend le pas sur la production.

Une autre dérive est la multiplication des produits transformés : il y en a maintenant autant, en proportion, que dans les grandes surfaces. Est-ce problématique ? Il faut revenir à l'origine de ces produits, par exemple des conserves de quenelles aux champignons et à la crème. La grande distribution vend en majorité de tels produits. Pourquoi ? Parce que c'est avec ces produits qu'elle gagne un maximum d'argent. Pourquoi ? Parce que ces produits sont vendus plus chers que des produits non transformés, non pas à cause de la main d'œuvre supplémentaire, mais parce que la qualité de produit par unité de poids est réduite. Quand vous achetez un plat préparé de gratin de pommes de terre, la qualité de ce produit est inférieure à la qualité de pommes de terres cuites et alignées en tranche dans de la crème. *Parce que l'industriel transformateur met beaucoup d'eau, qui remplace une partie de la crème et des pommes de terre (l'eau fait gonfler les pommes de terre).* L'eau, et des additifs de goût et de texture, sont utilisés pour remplacer la matière première. Mais le résultat est tout de même appelé « gratin » par l'industriel. Gratin de pomme de terre et pas « gratin de pommes de terre et d'eau et d'arômes ». Mais quand vous achetez la matière première brute, la pomme de terre par exemple, on ne peut pas vous tromper de la sorte. Il est impossible de réduire la qualité de la matière première par unité de poids (sauf à utiliser des engrais et autres produits au cours de la culture, pour que les légumes, les fruits et les viandes soient plus gorgés d'eau, ce que fait sans retenue l'agriculture industrielle). Dans un produit transformé, il est facile de réduire la qualité de la matière première par unité de poids du produit fini.

La même logique vaut pour les produits transformés bio. C'est une logique malhonnête me direz-vous. Tout à fait ! Et dans le bio il y a autant de crapules que dans le conventionnel, à n'en pas douter. Il existe de nombreux additifs bio, qui ont les mêmes fonctions que les additifs chimiques conventionnels, donc il est tout à fait possible de réduire la qualité de la matière première par unité de poids, tout en vous la vendant plus cher. Dans un Biocoop vous pouvez aujourd'hui acheter une pizza surgelée au saumon, à l'épinard et à la crème pour moins de cinq euros, parmi un choix d'une dizaine d'autres pizzas surgelées. Est-ce que ça c'était l'objectif des agriculteurs bio réunis en coopérative, dans les années 1980-1990 ? Je ne le pense pas.

Pourquoi le nombre de magasins bio type Biocoop ou La vie claire augmente-t-il avec frénésie ces temps-ci ? Tout simplement parce que c'est là qu'on peut gagner un maximum d'argent avec un minimum d'effort. Il s'est produit exactement la même chose avec les pharmacies, les opticiens, les agences immobilières, les coiffeurs... Les grandes surfaces...[5] Ce n'est pas parce que c'est « bon pour la planète » que ces magasins se multiplient comme des petits pains par ordre du Christ. Si parrainer des indigents de France ou d'ailleurs, migrants, déportés de guerre, etc, rapportait de l'argent, cela se saurait, et il y aurait à chaque coin de rue des boutiques pour vendre des « kits de parrainage » ou des « coffrets d'humanité transcontinentale » par exemple. Le monde du commerce est d'abord régi par l'argent. Même le commerce bio. S'il en allait autrement, aujourd'hui existeraient un grand nombre de magasins bio indépendants et variés. La concurrence a mis à bas toute la diversité économique qui était pourtant promue par les acteurs de la bio dans les années 1980-1990, pour contrer le modèle économique de la grande distribution. Quel retournement de situation !

Constater que les magasins bio sont devenus les vecteurs d'une homogénéité des produits contre laquelle précisément ils se dressaient il y a seulement quinze ans, m'attriste. M'indigne. Si on prend un peu de recul, tout comme on le constate pour les

---

5 Merci à mon père de m'avoir ouvert les yeux là-dessus.

produits alimentaires de la grande distribution qui sont tout à fait homogènes (30 % de graisse, 30 % de sucre, 30 % d'amidon et 10 % de protéines, quel que soit le rayon dans lequel vous achetez), les produits homogénéisés de la *grande distribution bio* vont également homogénéiser les corps et les esprits des clients. Quand on bouffe tous la même chose, on pense tous pareil. Quand on mange tous local, chacun dans son département, on pense tous un peu différemment. Et les différences de pensées créent de l'émulation et de l'innovation et entraînent l'amélioration de la société toute entière. Voilà un autre idéal auquel les marchands bio d'aujourd'hui ont renoncé ! La diversité alimentaire garantit la diversité intellectuelle de notre beau pays.

Les magasins bio devenant de plus en plus grands, ils confèrent aussi au client un sentiment d'abondance. « Grand donc beaucoup donc pas cher ». Voire un sentiment de surabondance. Les grandes et hautes étagères débordent de produits. C'est la « corne d'abondance » version bio. La prochaine étape sera celle du gaspillage, comme dans la grande distribution conventionnelle. Encore un idéal qui sera abandonné. Uniquement des petits magasins, avec peu de produits en variété et en quantité, avec de petits chiffres d'affaires, n'engendrent pas de gaspillage. Parce que les invendus, donc les pertes, ne sont pas autant acceptables que dans un grand magasin au grand chiffre d'affaires. C'est donc une spirale vicieuse qui s'est amorcée dans le monde de la bio[6].

---

6 Et le summum du capitalisme, ou de l'amour de l'argent, est le gaspillage. Quel meilleur moyen de montrer qu'on est riche que de gaspiller abondamment ?

Je me plains de cette situation, mais puis-je contribuer à y remédier ? À défaut d'y remédier je contribue à proposer une alternative, en vendant moi-même directement aux consommateurs les produits de mon jardin agroécologique. Une alternative à l'alternative, pour ceux que l'évolution de la production bio et du commerce bio ne satisfont plus. Jusqu'à ce que, à l'horizon 2050, bio industriel et alimentaire conventionnel ne forment plus qu'une seule et unique filière[7].

Pour conclure, j'en viens à l'anecdote à propos du nécessaire isolement. Devant les avalanches quotidiennes de mauvaises nouvelles, il faut de temps en temps s'éloigner. Du moins est-ce un éloignement : je réduis autant que possible les influences en provenance de la société de consommation, je vis selon un autre rythme que les 40 heures hebdomadaires du travail industriel et artisanal, je mange au maximum des produits de mon jardin, je n'accorde aucune confiance aux discours et polémiques politiques que je peux entendre à la radio, je n'ai quasiment pas de loisirs, je ne prends pas de vacances, j'évite autant que possible la grande distribution, je ne lis pas la presse grand public non plus que la presse locale, je n'ai pas de télévision, je refuse toute forme de publicité, je n'accède à internet qu'une heure ou deux par semaine. Et cela me permet d'écrire à propos de sujets qui me tiennent à cœur, et non à propos de ceux qui me sont dictés par la « mode » des éditorialistes ou des chroniqueurs radio et télévision. J'écris en développant mon propre style sans chercher à plaire à tel ou tel groupe éventuel de lecteur, parce que tel ou tel type de littérature a le vent en poupe, en ce moment, à la radio, à la télé, dans la presse. Je veux vivre à mon rythme.

---

7 Cf. mon *Bonheur au jardin.*

La société de consommation nous fait croire que la vie est une compétition entre individus. Chacun élabore donc des stratégies pour affirmer son importance, à défaut de pouvoir être un « gagnant ». Notre président Macron n'a-t-il pas dit que dans une gare on croise des gens qui ont réussi, et d'autres qui ne sont rien. Quel éloge à mot couvert de la compétition ! Alors, il se peut que vous soyez un de ces gagnants. Ou un perdant, comme l'est la majorité de la population. Les ultra-riches sont une infime minorité, la majorité vit avec le SMIC. La vie en société devient alors une pièce de théâtre, chacun jouant son rôle, rôle qui lui procure un sentiment de réussite, de supériorité. C'est une stratégie, c'est un jeu de dupes. Dans ce jeu, rien de ce que nous montrons de nous-mêmes n'est vrai… Dans une société sans compétition, donc sans argent, nous serions des êtres différents en pensées, en émotions, en actions et même en apparence (les codes vestimentaires dépendant des catégories sociales codéfinies par chaque société).

Ces jours-ci, j'ai eu un retour très positif à propos de mon livre *Les cinq pratiques du jardinage agroécologique*. Avec ce livre j'ai véritablement fait évoluer la vie d'une personne. En bien. Si j'avais été partie prenante du grand jeu de dupes de la société, si j'avais écrit mes livres dans un esprit de compétition, mes livres au contraire ne feraient que renforcer mes lecteurs dans leurs illusions. C'est justement parce que je vis à la frontière de la société, pour ne pas dire dans un autre monde, un monde centré sur la nature, que je peux bousculer les repères de mes lecteurs. Étant bousculés, ils vont pouvoir commencer à relativiser le monde qui est le leur.

Et le monde que je leur propose, nature-centré, n'est pas qu'une façade, que l'on découvre via mes livres d'introduction.

C'est un monde complexe et vaste, dont je développe dans mes écrits les plus récents les cadres de pensée et les lignes de force. C'est très important : il faut que derrière la façade il y ait quelque chose ! Quand je vois des agroécologistes et des permaculteurs qui font leur métier avec l'espoir de gagner un bon salaire, je soupire. Ils veulent gagner des sommes équivalentes à celles qu'ils gagneraient dans l'industrie, au cœur de la société de consommation. C'est un projet perdu d'avance, car l'industrie ne génère tant de richesses et ne brasse tant d'argent que parce qu'elle est fortement mécanisée d'une part, et parce qu'elle ne paie pas pour ses externalités (que sont les pollutions de toutes sortes des mines, des usines, des transports…) d'autre part. Si une ferme agroécologique ou permaculturelle devient aussi rentable qu'une ferme conventionnelle, voire plus, c'est que quelque part la mécanisation est plus importante que l'agriculteur ne veut l'admettre. Et que des externalités sont générées. Alors qu'en principe agroécologie et permaculture ne doivent générer aucune externalité. Je pense là aux externalités en amont, tel qu'un usage abusif de fumier ou de paille provenant de l'agriculture industrielle. Dans ce cas, agroécologie et permaculture deviennent des activités annexes, des sous-produits, de l'agriculture industrielle. Donc elles ne peuvent prétendre à aucune autonomie, ce qui est pourtant un de leurs objectifs fondamentaux. La contradiction est totale, les principes sont compromis. Donc pour ces maraîchers la créativité technique et la compréhension de la terre et des plantes ira descendant.

Les agriculteurs bio du pays de la Loire, regroupés dans le CAB Pays de la Loire, viennent de publier en juin 2018 un guide d'installation en maraîchage biologique. Et son contenu m'indigne, car dans ce guide il manque, à mes yeux, quelque chose d'essentiel : un chapitre dédié au rapport à la nature. Qu'est-ce que la nature ? Comment travailler avec elle en la respectant ? Comment la comprendre ? Comment la ressentir ? Comment intercaler la Nature dans le maraîchage ou, vice-versa, comment intercaler du maraîchage dans la Nature ? Bon enfant, je me suis dit que le rapport à la Nature devrait au moins apparaître dans le chapitre dédié au métier de maraîcher bio. Peine perdue : des seize maraîchers interviewés, aucun n'évoque la Nature comme motivation. À la question qui leur est posée de la durabilité sociale de leur activité, ils n'évoquent pas plus la Nature. Je ne comprends pas ! Pour faire ce métier, surtout en bio, il faut d'abord et avant tout aimer la terre et les plantes ! C'est primordial, c'est la base.

Tous ces maraîchers sont en fait tournés uniquement vers le chiffre d'affaires et le rendement par heure de travail. C'est aussi ce que j'ai compris en rendant visite à une pépinière de maraîchers bio près de Coutances, rattachée au lycée agricole et au centre de formation pour adultes : on leur enseigne à penser à partir du chiffre d'affaires désiré, puis à en déduire tout ce qu'il faut comme matériel et comme rendement horaire. Je n'approuve pas cette façon de concevoir l'agriculture, qui est exactement la même qu'en agriculture conventionnelle indus-trielle. Même en « maraîchage sol vivant » (MSV), les forma-teurs poussent à ce type de conception. Cela m'indigne, car si on en pense d'abord en chiffre d'affaires, de facto dans notre tête on soumet la Nature à notre système monétaire. *Dès le départ, dans nos têtes, on va cultiver dans une Nature qu'on a posée comme soumise à un concept social de chiffre d'affaires.* Et cela, ce n'est pas de l'agriculture durable ! L'agriculture durable passe obligatoirement par la mise au premier plan de la Nature. Car les lois économiques et les sociétés passent, mais toujours la Nature demeure. *Une agriculture durable doit se penser d'abord dans et avec la Nature, et non par un concept social, quel qu'il soit.* Un formateur en MSV explique qu'il faut faire des compromis, notamment qu'il faut bâcher le sol durant toute une culture, qu'il faut acheter une dérouleuse à bâche pour étaler rapidement cette bâche, et il affirme qu'il faut faire ce compromis. Toutes les autres personnes qui viennent le voir pour lui demander comment faire sans bâcher sont, selon lui, pas sérieuses. Ce gentil monsieur joue du compromis comme un élu : en politique on dit qu'il est nécessaire de faire des compromis, pour assurer quand même un certain rendement (notion de sécurité), alors qu'il s'agit en fin de compte de changer quelques détails pour mieux garder l'essentiel (c'est-à-dire les habitudes). Le ver est donc déjà dans le fruit ou, comme on dit parfois, c'est par la tête que pourrit le poisson : pour satisfaire aux objectifs de rendement, les maraîchers bio n'hésitent pas à utiliser des hybrides F1 stériles par exemple. Pour « assurer le rendement en début de saison » !

Mais à quoi bon m'indigner : c'est la nature humaine que de se berner elle-même. Et ces maraîchers bio qui se jugent sérieux et pour qui mon jardin n'est pas sérieux, ne veulent en fait qu'une chose : s'inscrire dans une *hiérarchie* sociale. Si ce n'est plus l'AB qui est en haut de l'affiche, c'est l'agroécologie. Et si ce n'est plus l'agroécologie, c'est la permaculture. Et si ce n'est plus la permaculture, c'est le MSV qui veut y figurer. Pourquoi est-ce que je m'indigne de ces désirs de reconnaissance sociale ? Pourquoi est-ce que je m'indigne que le label bio mette le rendement au cœur de l'agriculture bio ? C'est encore une fois changer pour que rien ne change ; comme les magasins Biocoop qui engrangent énormément de profit parce qu'ils proposent aux clients des produits bio sans avoir besoin de changer d'habitudes alimentaires. Pour moi, tout cela n'est pas sérieux et ne durera qu'un temps. Je rappelle, modestement, que l'agriculture est par essence une activité qui s'inscrit dans le temps long.

À partir d'une bonne idée, les dérives sont faciles ; l'Homme est faible, c'est ainsi. On peut pousser une gueulante contre ça, mais ça n'y changera rien.

Je saisis ici l'occasion d'expliquer pourquoi je me sens une certaine légitimité pour juger le monde de l'agriculture bio. Ce n'est pas la seule raison, et ce n'est pas la plus évidente, mais elle est importante. En effet, je n'ai à ce jour que cinq années d'expérience en maraîchage. C'est très peu, et on pourrait sur cette seule base affirmer que mes opinions ne valent rien du tout. Cependant, je revendique une cohérence maximale avec les principes de l'agroécologie. Et c'est cela qui me permet d'avoir une vision claire des autres agriculteurs et de résoudre très concrètement les difficultés que je rencontre dans mon jardin. Pourquoi ? *Si vous avez un principe et que vous vous y tenez, alors vous êtes forcés de vous adapter aux situations telles qu'elles se présentent et d'être créatif.* Adaptation et créativité. Vos solutions ne seront ni les plus rapides ni les plus faciles, mais elles seront en accord avec vos principes. Quand vous vous comportez de cette façon, vous repérez alors facilement les personnes qui affirment faire de l'agroécologie ou de la permaculture ou du MSV, mais qui lorsque des difficultés se présentent, optent pour les solutions les plus faciles ou les plus rapides ou pour les solutions qui maximisent le rendement. Vite, facile, beaucoup : ce sont là des pensées qui n'ont rien d'original. Ce n'est pas la peine de vouloir faire de l'agroécologie, de la permaculture ou du MSV si c'est pour résoudre les problèmes de la sorte.

Le disciple Jenkouï dit à son maître : « Maître, je ne puis pas faire les exercices que vous m'avez prescrits. Ils sont au-delà de mes forces. » Le maître de répondre : « Tu t'assignes des limites. Ce n'est pas de force que tu manques, mais de volonté ».[8]

Je crois que beaucoup de maraîchers bio manquent de volonté et s'engagent trop facilement dans les voies déjà tracées, qui consistent dès le départ à s'endetter en achetant du matériel lourd et surtout à penser non en termes de Nature mais en termes de rendement. Ils font ça parce qu'ils voient que tous ceux déjà installés font ça. C'est tout. Je crois qu'ils ne pensent pas plus loin, parce qu'ils ont une famille à nourrir.

Cet argument de la famille à nourrir est un peu trop facile à mon goût. Ce n'est pas parce qu'on a des enfants qu'on est sérieux... Je me demande si certains ne font pas des enfants pour avoir des prétextes...

Le fait de choisir les solutions techniques les plus faciles est typique du manque de courage intellectuel des Français. Ils n'ont pas l'esprit d'innovation, de découverte et d'exploration, comme l'ont les Américains par exemple. Les Français ne sont que des suiveurs. Et c'est normal, parce que dans le système scolaire français, on n'enseigne pas à aimer une discipline. On n'enseigne pas à développer sa propre personnalité par rapport à une discipline. On enseigne les disciplines comme des objec-

---

8 In CALOC'H Pierre, *Le corps est notre meilleur médecin*, Initiation à la santé, 4ᵉ édition, 2014.

tifs en soi. Alors qu'aux États-Unis, les disciplines ne sont que des moyens pour s'épanouir personnellement. Les disciplines sont des choses souples à créer, à modeler, à modifier et non des choses rigides à vénérer. L'élève français est soumis devant la discipline enseignée. Devant le corps des connaissances mathématiques, biologiques, physiques, etc. Il essaie de s'en approcher autant que possible, en apprenant par cœur au maximum. Mais on ne lui enseigne pas que ce qu'il doit faire, c'est-à-dire s'en saisir et apprendre à le manipuler. Et apprendre à se développer personnellement dans le même temps. C'est pour ça qu'en France, on pense dur comme fer que c'est dans les vieilles casseroles qu'on fait les meilleurs repas : c'est là un réflexe de la pensée (indomptée). Quand le Français n'est pas dérangé par quelqu'un qui vient d'ailleurs, après des moments de gloire verbale et morale pour porter aux nues un nécessaire changement de comportements (l'agriculture bio par exemple, la permaculture par exemple), dans tous les médias, il se lance dans l'action en... continuant à faire ce qu'il faisait avant. Voyez par exemple l'entreprise Teratek, qui fabrique des outils spécialement conçus pour l'agriculture biologique. Il s'agit donc de mécaniser au maximum l'agriculture biologique. Avec des machines très onéreuses, donc banque, emprunt, etc. : le schéma d'agriculture conventionnelle qui a conduit tant d'agriculteurs à abandonner leurs terres voire à se suicider. Après le moment de gloire verbale, qui était bien beau et bien facile, le Français ne fait que ce qu'il sait déjà faire. Parce qu'il n'a pas la culture de l'innovation, comme je disais. Pour lui, le futur consiste à répéter le passé, sans trop le changer. La France n'est qu'un pays de suiveurs – sauf dans l'art et la haute couture où, curieusement, on *ose*. On ose et on a des principes. En agriculture, on s'assoit trop facilement sur les principes parce qu'on juge qu'il faut faire des compromis.

Le culte bien français du compromis vient d'une part de son utilisation particulière et répétée en politique, comme expliqué plus haut. Il vient aussi du fait qu'en France existe une scission entre les praticiens et les théoriciens. En France on voit d'un mauvais œil un manuel qui sait réfléchir et un intellectuel qui sait se servir de ses mains. Désir de hiérarchie évident ! Chacun sa place ! Et si en plus vous dites au Français qu'il faut mettre aussi un peu de beauté dans le résultat, pour pouvoir l'apprécier pleinement. Bref qu'il faut aussi une touche artistique pour arriver à une agriculture durable *optimale*, alors vous passez pour un fou ! Soyons sérieux, il faut sortir du légume !

Je fais le pari que ces maraîchers bio qui pensent par le chiffre d'affaires n'existeront plus dans dix ans : la mollesse de leurs principes ne leur permettra pas de résister pas aux variations économiques et climatiques.

Vous avez compris : je ne me sens pas du tout français parfois. Mais je garde ça pour moi.

FULGURANCE

Nous étions quatre. C'était l'après-midi, et quelque chose n'allait pas. Les jours précédents, nous avions fait certaines actions, que certaines personnes n'appréciaient pas. Quelles personnes exactement, je n'aurais pu le dire. Et quoi exactement, je ne le savais pas non plus. Mes amis le savaient, eux. J'étais revenu à Hong Kong pour une petite semaine, le temps de renouer avec les lieux de mon adolescence et pour les revoir justement, mes amis. Mais ce jour-là, n'étaient présents que deux d'entre eux, et l'autre personne qui nous accompagnait m'était inconnue. Cette femme était l'amie d'un ami.

Nous allions pouvoir faire plus ample connaissance, mais avant il nous faudrait « semer » nos poursuivants. Mon meilleur ami en était à présent convaincu : ils ne nous lâcheraient pas. On ne pouvait plus se contenter de rouler en voiture dans les montagnes, aux portes de la ville. Peut-être étions-nous d'ailleurs arrivés au Peak, l'emblématique sommet de l'île Victoria. Cela aussi je ne saurais le dire avec précision. En tout cas nous ne pouvions pas aller plus loin avec ce véhicule : le parc naturel commençait là. Nous partîmes à pied sur un chemin asphalté, bordé de part et d'autre d'une végétation dense et sombre, typique de cette ancienne colonie anglaise. Nous montions rapidement vers le sommet. Était-ce pour tromper nos poursuivants ? Car nous empruntâmes ensuite un autre chemin qui descendait, avec une forte pente. Il en existe tellement, des chemins de ce genre, que bien des années auparavant je montais et descendais avec mon VTT !

Le chemin s'élargit peu à peu et la pente se fit plus douce. La forêt qui nous environnait était devenue moins dense, de sorte qu'on pouvait voir en contrebas les routes de la ville où circulaient de nombreux véhicules. Et, une centaine de mètres devant nous sur le chemin, était posée une sphère. Grande, grise, d'environ cinq mètres de diamètre et floue. Nous nous en approchâmes à grands pas. La sphère était effectivement floue, chose que mes yeux ne pouvaient s'expliquer. J'osais la toucher ; sa surface semblait vibrer constamment, d'où le flou. Par moments je sentais du métal sous mes doigts, et par moments je ne sentais rien. Était-ce seulement du métal ?

Mon ami sortit une télécommande de sa veste, appuya sur quelque bouton et une porte s'ouvrit dans la sphère. Il entra en premier dans la sphère, et moi en dernier.

J'avais déjà vu des vidéos et lu des articles à propos des sphères de ce type, mais je n'étais jamais monté moi-même dans une. Pourtant cela faisait longtemps que cette technologie s'était démocratisée sur toute la Terre. Je me sentais un peu comme un homme des cavernes : mon scepticisme envers la technique m'avait bel et bien mis à distance du front technologique de la société.

Mais je fus déçu. L'intérieur était à peine propre. La moquette gris-bleu avait des tâches, et les meubles et les peintures n'étaient plus de première fraîcheur.

« Je l'ai louée pour une journée » dit mon ami. Effectivement, chaque compagnie aérienne louait des sphères, ce n'était rien que de très banal. Mais tout de même : l'intérieur de cette sphère ressemblait à une cuisine. Il y avait au centre une table, avec trois chaises autour. Perpendiculaire à la paroi se trouvait un sofa deux places, de même couleur que la moquette. Au mur un modeste placard. Pas de fenêtre. Pas de porte non plus. Pourtant nous étions entrés à l'instant.

« Allons-y » dit mon ami d'une façon particulièrement nonchalante. Et je sentis la sphère s'élever, comme lorsqu'un ascenseur démarre son ascension. Nous émergeâmes de la forêt, les feuilles de la canopée s'éloignèrent. Nous prîmes de la hauteur mais sans excès, car nous pouvions voir la ville très distinctement en dessous de nous. D'ailleurs, nous aperçûmes nos poursuivants. Ils étaient arrêtés à une station service, en train de faire le plein d'essence. Nous pouvions les voir, mais eux ne le pouvaient pas. Sur leurs visages se lisait une expression gênée. Eh oui, pour une raison qui ne m'était pas claire, on utilisait encore des voitures à combustible fossile. Cela m'interloquait plus que le fait d'avoir été poursuivi. Mes amis étaient tout sourire ; notre fuite était facile. Le voyage allait enfin pouvoir commencer, et nous allions avoir du temps pour parler de notre passé commun. Du moins était-ce ce que je me plaisais à penser.

Tout d'un coup, je ressentis une violente poussée. Une accélération fulgurante. Mon corps fut traversé par une vague de puissance et je fus comme secoué en tout sens, traversé de milles aiguilles puis plaqué en arrière. Et tout aussi subitement l'accélération s'arrêta. Chose très curieuse, ni moi ni mes amis n'avions été renversés. J'étais toujours sur la chaise, sans même une ceinture de sécurité qui me retienne. Je palpais mon torse, mes jambes : rien de cassé. Mon cœur ne s'était même pas emballé. Mon ami discutait avec nonchalance, assis dans le sofa. Que s'était-il passé ?

« Le problème avec ce modèle, c'est qu'il n'avertit pas des accélérations », dit-il en m'envoyant un regard rassurant. J'étais perplexe. Je regardais dehors, m'attendant à voir un tout nouveau paysage, situé à des milliers de kilomètres de notre point de départ. Pourtant notre position était à peu près inchangée. La forêt était toujours en dessous de nous, avec la ville et la station essence. Nous nous déplacions lentement, à peine plus vite qu'à vélo pourrais-je dire. Alors que l'accélération avait été d'une telle puissance. C'était illogique. Je ne comprenais rien.

La sphère reprit son ascension, et j'estime qu'elle atteignit les 300 mètres d'altitude. Car nous pouvions voir la ville rapetisser et nous avions dépassé les sommets des plus hautes tours de Hong Kong. Puis la sphère ralentit. Je suppose que mon ami pouvait lire à nouveau sur mon visage que j'étais déconcerté. La sphère changea de trajectoire et elle se mit à descendre. À nouveau, une accélération fulgurante se produisit. Elle aurait dû nous ramener au niveau du sol en nous y fracassant, et nous aurions dû être réduits en fines particules de matière organique sans la moindre chance de survie. Mais j'étais toujours en un seul morceau. Encore une fois, mes sens m'avaient-ils trompé ? Je regardais le sol : notre position n'évoluait que très lentement. La sphère descendait en douceur. J'étais totalement perplexe.

La descente se poursuivit plusieurs minutes durant, et je voyais au loin le pourtour d'une montagne se dessiner. Puis la sphère accéléra, mais cette fois de façon normale pourrais-je dire. À la façon d'une voiture, d'une voiture de bonne cylindrée certes, mais d'une voiture ni plus ni moins. Le somment de la montagne se rapprochait. Je me tournais vers mon ami pour lui poser une question, mais il avait deviné ma crainte. « Nous allons passer au travers de la montagne. Il le faut bien, c'est la trajectoire la plus courte. Ce n'est pas grave, c'est lié à l'orientation de la Terre, qu'il nous faut prendre en compte. » Et à ce moment-là, alors que l'intérieur de la sphère demeurait stable, sans qu'aucune vibration ne puisse être ressentie dans le plancher ou dans le mobilier, je sentis des forces immenses s'accumuler à son extérieur. Des frottements d'une masse de matière inimaginable, comme si la moitié du système solaire se rétractait sur nous, se serrait sur nous, se contractait sur nous. Et la montagne se rapprochait. Nouvelle fulgurance. Nouvelle sensation de vitesse incroyable. Pression insupportable. Mes yeux me confirmaient que notre vitesse demeurait celle d'une voiture ! Et nonchalance continue de mon ami, qui parlait et riait ! La montagne se rapprochait. Nous étions en face d'elle. Je discernais ses roches. Puis nous rentrâmes en elle.

Nous n'explosèrent pas, nous ne sentirent aucune secousse. Comme si la montagne n'était qu'une image flottant dans l'air. Un dessin peint sur les molécules d'air, que nous traversions sans peine. Et avant que je puisse retrouver une certaine clarté d'esprit, et contempler l'intérieur de la montagne qui me semblait noir et sombre, nous fûmes propulsés dans le vide de l'espace. Nous fûmes catapultés à une vitesse incroyable et les étoiles nous entourèrent. Nous étions dans les étoiles ! Quelques instants plus tard, à peine quelques minutes me semble-t-il, la destination de notre voyage était en vue. C'était une planète.

Me semble-t-il. Car j'étais submergé par les questions et les informations contradictoires que m'envoyaient mes sens. J'avais lu le fonctionnement de ces sphères, la théorie physique qui expliquait cette prouesse technique aujourd'hui devenue banalité. Mais je n'arrivais plus à m'en souvenir. Mon père ne m'avait-il pas dit que c'était en lien avec les trous noirs ? Ou bien n'était-il pas question de densité de matière ? Sur Terre la matière est infiniment dense, atomes collés aux atomes, molécules collées aux molécules, les unes aux autres, du noyau de la terre jusqu'à la plus haute couche de l'atmosphère. Mais dans l'espace, la matière est très rare. À peine quelques atomes par kilomètre-cube. Oui, je crois bien que la sphère avait un moteur à base de densité de matière, ainsi que cela s'appelait. Vu ainsi, l'univers est tout petit. Les distances immenses qui séparent les galaxies et les planètes, ramenées à la quantité de matière, sont en fait à échelle humaine. Par exemple, il y a autant de matière entre la tour Eiffel et le Louvre qu'entre la Terre et la galaxie qui nous est voisine, pourtant à plusieurs millions d'années-lumière de nous. Donc pour aller de la Terre à cette galaxie, la très grande partie du trajet se déroule en fait sur Terre. D'où les accélérations fulgurantes sur base de densité, que l'on ressent, mais qui, pour nos yeux, pour nos sens, ne nous propulsent pas vraiment. Les neuf dixièmes de notre trajet s'étaient effectivement déroulés sur Terre. Notre destination était toute proche.

Bref, il suffisait presque de simplement faire un pas sur Terre pour traverser la moitié de la galaxie.

Fantastique ! Fulgurant !

Et je me réveillais.

LE TEMPLE DE L'INTELLIGENCE – LA DICTATURE DE L'AMOUR

Faire ses gammes

Toc ! Toc ! Toc !

– Frère portier, quelqu'un frappe à la porte du temple.

– J'entends, j'entends, frère barman. Mais nous ne pouvons pas interrompre nos travaux. Surtout à ce moment de la partie.

Toc ! Toc ! Toc !

– Mais le maître est là aujourd'hui.

– Eh bien ?

– Il a un nouveau sonotone !

– Mince, j'avais oublié. C'était le thème de son exposé la semaine dernière, n'est-ce pas ?

– Oui, et si tu n'avais pas dormi tout du long de l'exposé, tu le saurais.

Toc ! Toc ! Toc !

– Le bougre insiste. Eh bien, je n'ai pas d'autre choix que d'accomplir mon devoir. C'est bien dommage, cette partie de dame sur ce nouveau pavé mosaïque au sol allait tourner à mon avantage.

– Ce n'est quand même pas pratique de jouer par terre.

– Ne dit-on pas « plus près de la terre, plus près de ses frères » ? Frère barman, range les jetons. Je m'en vais voir qui va là.

Toc ! Toc ! Toc !

– Ouvrant le petit vasistas triangulaire : Qui frappe donc avec insistance à la porte du temple de l'intelligence ?

– Monsieur, puis-je entrer ? Je souhaite vous faire lecture d'un texte.

– Oh c'est encore vous ? N'avez-vous point déjà reçu notre jugement ?[9] Vénérable maître, vénérable maître ! L'impétrant mal dégrossi est de retour !

– Merci frère portier, je vais prendre la suite … Mais, frère barman, quels outils venez-vous de ranger à l'instant ? Et pourquoi êtes-vous assis par terre sur notre beau pavé ?

– Ce ne sont pas des outils, maître, ce sont des cookies qui se sont malencontreusement répandus sur notre beau pavé mosaïque.

– Ah, c'est bien dommage, nous devrons alors nous contenter de miettes pour accompagner le café.

– Le café monsieur ? Si vous désirez m'inviter pour un café, c'est avec plaisir.

– Mais non monsieur ! Mais non ! L'impétrant que vous êtes ne peut pas comprendre le sens profond de ces phrases que

---

9 Cf. *Le temple de l'intelligence – Identifier la propagande*

je viens de prononcer. Et en plus qui ne vous étaient pas destinées. D'ailleurs vous n'auriez rien dû entendre du tout.

– Ah. Ai-je entendu quelque secret dont votre temple se fait la réputation d'être l'inviolable gardien ?

– Hmf ! Monsieur, c'est vous qui toquez à notre porte, mais c'est moi qui pose les questions. Donc : pourquoi foulez-vous à nouveau notre parvis ?

– Je veux vous lire un texte.

– Encore ? Ah jeunesse ! Avez-vous fait quelque progrès dans la direction que nous vous avions indiquée ?

– Oui oui.

– Vous savez maintenant ce qu'est l'amour ?

– Oui oui.

– Hmf !

– C'est un code que je dois déchiffrer ?

– Hmf ? Quoi ? Mais non monsieur, mais non ! Je souffle, je soupire, tout simplement. Parce que je suis dubitatif.

– Je vous affirme que j'ai percé à jour les secrets du cœur des Hommes.

– Moi c'est la rondelle qu'il m'a percé !

– Frère barman, allons ! Allons ! Il n'est que dix-huit heures et déjà… Oh ! Saperlipopette ! Je vous trouve bien dissipés aujourd'hui, mes frères. Monsieur l'impétrant, je vais vous laisser rentrer une fois encore dans notre temple. Mais à une condition.

– Laquelle, monsieur le maître ?

– Votre texte est-il rigoureusement logique ? Rationnel ? Raisonné ? Réfléchi ? Argumenté ?

– Oui oui. Tout à fait.

– Votre texte est-il apte à établir fermement un cadre de pensée, ainsi que des axes primordiaux de pensée à l'intérieur de celui-ci ?

– Je le crois.

– Alors vous êtes le bienvenu. Entrez, monsieur, et nous vous écouterons. Nous vous écouterons très attentivement, n'est-ce pas frère barman et frère portier ?

– Euh, oui, comme d'habitude.

– Que tous les frères se rassemblent dans la grande salle des questions éternelles ! Faîtes sonner la cloche de la fraternité ! Allumez le lustre de l'intelligence rayonnante !

– Mais, cher maître, les coussins sont encore au nettoyage…

– Frère barman et frère portier, vous qui étiez assis par terre pour manger des cookies, je suis certain qu'un bon vieux banc en chêne, au dossier droit comme notre bon fil à plomb, sera plus confortable que le dur sol en carrelage. Allons, vite vite ! Écoutons ce jeune impétrant faire à nouveau ses gammes, et jugeons-le à nouveau comme il le mérite.

Définitions de l'amour

Qu'est-ce que l'amour ? Il est de ces grandes questions auxquelles nous sommes incapables de répondre. Mais celle-ci n'en fait pas partie, bien au contraire : nous ne lui connaissons que trop de réponses. Faites-le savoir autour de vous : nous avons trouvé toutes les réponses à la question de l'amour. Plus la peine de chercher !

Non, ne soyons même pas naïfs, comme ces personnes qui clament que les avancées technologiques réactualisent la question de l'amour. Les nouveautés techniques n'y changent rien. Voyez : Peut-on aimer un bébé conçu dans une éprouvette ? Dans un laboratoire ? Un bébé aux gènes sélectionnés ? Peut-on aimer un bébé qui se forme dans le ventre d'une femme qui n'est pas sa mère ? Comme s'il fallait aimer ces bébés… Car le fil rouge de ce texte sera ceci : l'amour est-il nécessaire ? Faut-il aimer un bébé ? Faut-il aimer un enfant ? Faut-il aimer ses parents ? Ses amis, ses voisins, ses concitoyens, l'humanité ? Ou encore : faut-il aimer son chat, son chien, son poisson rouge, ses vaches, ses cochons, ses poules, ses plantes, ses semis ? Ou encore : faut-il aimer la Nature, la Terre, le Soleil, la Lune, les planètes, notre galaxie ? Qu'importe si le bébé soit artificiellement conçu ou naturellement, qu'importe si l'être auquel on veut s'attacher soit un humain « naturel » ou un transhumain avec trois yeux, qu'importe si le matou à son papa soit OGM ou non. La question-guide sera toujours la même : *faut-il* aimer ?

S'il le faut, alors c'est un devoir. Si c'est un devoir alors nous ne pouvons pas nous y soustraire. L'amour serait pareil à un dictateur : nous lui serions obligés. Le Dalaï-lama le répète sans cesse : tout le monde a besoin d'amour. Le chat comme l'humain. L'amour c'est la vie, l'absence d'amour c'est l'absence de vie. Nous *devons* l'amour. C'est évident.

Mais est-ce si évident ?

Puisqu'il le faut, avant de poursuivre, voici quelques définitions non exhaustives de l'amour :

* L'amour physique, corporel, qui fait que deux êtres du sexe opposé s'attirent, afin de s'ébattre et de procréer ;
* L'amour maternel et paternel, qui est amour du parent pour l'enfant ;
* L'amour familial, qui est l'amour des membres d'une famille les uns pour les autres ;
* L'amour de soi ;
* L'amour inconditionnel, qui est confiance dans les individus quelles que soient les fautes qu'ils commettent ;
* L'amitié, qui est une déclinaison de l'amour ;
* Le pardon, similairement une déclinaison ;
* L'amour idéologique, terme vaste sous lequel je regroupe l'amour de sa communauté, de son clan, de son pays, de son île, du lieu de naissance, mais aussi l'amour d'une idée sociale ou technique ;
* L'amour de la Nature, qui est amour des plantes et des bêtes ;
* L'amour universel, qui est amour de la Nature, humains inclus, planète Terre, système solaire et galaxie inclus.

Chacun complétera ces définitions comme il l'entend. Poursuivons : est-ce évident que l'amour permet la vie, comme l'insinue le Dalaï-lama ? Eh bien, regardons la Nature qui déborde de vie et essayons d'y trouver l'amour. Dans la Nature, chez de nombreuses espèces animales, nous voyons des parades prénuptiales et des parades nuptiales ; nous voyons des parents qui construisent et qui protègent le nid ; nous voyons des mères qui prennent soin de leur progéniture ; nous voyons des vieux qui montrent aux jeunes comment faire pour manger, chasser, se cacher … ; nous voyons des jeunes qui jouent ensemble ; nous voyons des groupes qui maintiennent leur cohésion pour assurer leur sécurité ; nous voyons des mères qui veillent le cadavre de leur progéniture tuée par un prédateur ou par une maladie ; nous voyons des communications entre les individus… Sont-ce là des signes d'amour ? On pourrait dire que ce ne sont là que des tentatives de survie et de perpétuation de l'espèce. Quand ces animaux accomplissent tous ces actes, éprouvent-ils comme nous le sentiment d'amour, avec toutes ses variantes ? Vaine question, car nous avons déjà bien du mal à nous « mettre à la place » de nos congénères, alors à celle d'un animal… On peut imaginer que les animaux éprouvent une forme ou l'autre de l'amour. Imaginons. Ou n'imaginons pas. Les animaux et les plantes ne parlent pas. Donc on ne pourra jamais être certain que les animaux connaissent l'amour.

Si nous ne trouvons pas de preuve indiscutable de l'existence de l'amour dans la Nature, peut-être que l'amour ne se situe pas à ce niveau-là. L'amour est peut-être tout à fait humain. Exclusivement humain. Pas si vite… Posons tout de même ces questions : la Nature nous aime-t-elle ? Prend-elle soin de nous, ou des animaux ou des plantes ? Mais voilà des questions qui ne font pas sens, car nous connaissons les processus que Darwin a mis en évidence et qui attestent que la Nature (comprise comme globalité ou comme être vivant) n'est pas douée d'une volonté d'amour. « Elle » n'existe pas en tant qu'être vivant. Perdu !

Quand on ne parvient pas à prouver l'inexistence d'une chose, il faut essayer de prouver l'existence de son contraire. Ainsi, si on imagine que les actions des animaux décrites plus hauts sont des actes d'amour, on doit par complémentarité imaginer que les actes de prédation, de parasitage et les maladies sont le contraire de l'amour, à savoir des actes de haine. La Nature fournit-elle des preuves de l'existence de la haine ? Eh bien, pas plus que l'amour. Et imaginer que la Nature ferait preuve de haine ne fait pas de sens non plus. En fait, la Nature ne propose que des sentiments de bien-être ou des sentiments de mal-être. De l'agréable – manger – et du désagréable – se faire manger. Du confort et de l'inconfort. Du désirable et du repoussant. Les animaux, et les plantes, désirent-ils l'amour ? L'amour en soi, et pas uniquement l'acte associé. Ainsi votre matou veut-il des caresses parce qu'il vous aime ou parce que les caresses lui sont agréables ? Votre chien se lance-t-il au risque de sa vie sur le taureau qui vous charge par amour pour vous ? Ou pour vous protéger, car vous êtes son maître – le mâle alpha – qui l'héberge et le nourrit ? Ou parce que vous faites partie de sa meute ? Faut-il décrire ces actes en termes d'amour ? Ou les expliquer en termes d'amour ? L'amour n'est-il qu'un sentiment ? Existe-t-il s'il n'est pas associé à une pensée ou à une action ?

Qui apportera la preuve que l'amour n'existe pas ?

Même entre êtres humains, l'amour ne semble pas séparable des actes qui lui sont corrélés : les caresses, les regards et les sourires des amoureux passionnés leur confirment que l'amour existe entre eux et qu'il est réciproque. Sans ces petits gestes, point d'amour ! Même l'amour platonique entre deux intellectuels passe par des jeux de mots ou des phrases adéquates. Bref : où est le pur amour ? Moi je ne vois pas de pur amour qui ne serait qu'un sentiment. Je ne vois que des actes agréables, donc des actes désirables. Le désir existe, les preuves sont nombreuses. Le *désir* existe-t-il donc en lieu et place de l'amour ? Pas d'amour mais uniquement le désir de ce qui est agréable…

Vouloir prouver que l'amour n'existe pas est très prétentieux. Ou, pour le dire d'une façon neutre, c'est un objectif très « élevé ». En cherchant – rapidement – des preuves de l'existence de l'amour dans la Nature, je n'ai trouvé que des indices que l'amour pourrait ne pas exister. On pourrait le confondre avec l'instinct de survie. Mais ce n'est pas parce que je ne l'ai pas trouvé, par un survol que je reconnais rapide, qu'il n'existe pas.

Moins élevé comme objectif, moins prétentieux, serait de démontrer que certaines formes d'amour n'en sont pas : c'est-à-dire que des situations où l'on ressent de l'amour ne reposent en fait que sur l'imagination et la croyance. Tout comme dans certaines situations on attribue des réalisations à l'action divine, alors que cette action est imaginée ou est acte de pure croyance.

Dans le prolongement des indices trouvés dans la Nature, je veux montrer maintenant que trois situations ne sont pas des situations amoureuses : l'amour de soi-même, l'amour pour remédier à la solitude et l'amour passionnel.

L'amour de soi-même

L'amour que l'on éprouve pour sa propre personne est-il un amour pur ? C'est ce qu'on est tenté de penser a priori, car c'est un amour qui théoriquement est produit en soi-même et qui agit en soi-même. C'est un sentiment que l'on éprouve pour soi-même. Est-ce le cas ? Je m'aime, donc … je prends soin de mon petit corps, je m'achète des vêtements que je juge beaux, je pratique telle ou telle activité parce que je juge que cela me fait du bien ou parce que cela me permettra de vivre longtemps, je côtoie telles ou telles personnes, je me rends dans tels ou tels lieux. Ou encore : je me regarde dans le miroir, je me dis que je suis beau, intelligent, fort, courageux, persévérant, etc. Bref, cet amour de soi-même n'est pas pur, car il n'est qu'actes et pensées. Sans ces actes et ces pensées, je doute qu'on en ait seulement conscience. Constatons aussi que cet amour censé être tourné vers l'intérieur de soi est tout entier tourné vers l'extérieur de soi.

Vous pensez vous aimer à votre juste valeur, ni trop (narcissisme, égoïsme, mégalomanie, désir d'être toujours au centre de l'attention) ni trop peu (pas d'estime de soi, pas d'opinion personnelle) ? Donc vous pensez que cet amour de soi-même est « sain » et qu'il mérite l'appellation d'amour. Bah ! Une seule notion suffit à mettre à plat cet amour : la notion de destin. Vous pensez devoir faire ceci ou cela parce que ça procure un sens à votre vie. Par exemple élever des moutons plutôt que de continuer à travailler dans un supermarché ou cultiver des légumes plutôt que de tester des pesticides ? Vous voulez changer de vie parce que vous avez l'intuition que vous devez le faire. Et ne pas suivre cette intuition vous serait néfaste, vous ferait mal. Persister dans votre métier, refuser de suivre cette intuition, serait ne pas s'aimer soi-même. Serait se haïr soi-même, vouloir se faire du mal. Un « juste » amour de soi serait justement de suivre cette intuition. Et cela pourrait légitimement être appelé amour. Un amour qui est un profond respect de soi, accompagné de pardon pour les erreurs passées et de courage pour l'avenir. Mais est-ce que l'appellation d'amour est justifiée, quand la seule autre possibilité que vous avez est de vous faire du mal ? Est-ce vraiment de l'amour ?

Je veux vous amener à cette question levée plus tôt dans le texte : *peut-on parler d'amour quand il n'y a pas d'autre choix que l'amour ?* On pense souvent que l'amour est une haute capacité cognitive de l'être humain : quoi de plus raffiné que l'amour, qui se décline dans les multiples capacités listées plus haut ? On place l'amour au même niveau que les droits de l'homme par exemple. L'amour est humanisme. Donc l'amour est un acte de volonté, de libre-arbitre, de liberté, d'épanouissement. Or il me semble que le juste amour pour soi, qui est respect de soi, est en fait une obligation. Un devoir.

Dit autrement, le juste amour pour soi n'est que la conformation à notre destin. L'amour excessif de soi-même ou l'amour inexistant de soi-même sont des usurpations sur la pente de la maladie mentale, de part et d'autre d'une ligne de crête qui est la ligne de notre destin. Comme l'écrivait un philosophe dont je n'ai retenu ni le nom ni le concept avec clarté,

« notre destin nous veut ». Nous sommes voulus par lui : donc nul besoin d'amour.

Quand on ne marche pas sur le chemin de crête du destin, on est nécessairement dans le désagréable. Même s'il n'en résulte pas une apparence malsaine, qui peut duper tout le monde, le désagréable s'accumule quelque part dans un coin de notre tête (ou de notre corps), et tôt ou tard il refait surface. L'égocentrisme et la mésestime de soi sont des états temporaires. Notre destin nous attend ; la vie se charge de nous y confronter par des détours dont elle seule a le secret.

Dans la Nature, l'amour de soi-même existe-t-il ? Disons simplement que c'est l'instinct de survie. Un instinct, donc … une obligation, un devoir.

Il est possible de remplacer l'amour de soi-même par « respect de soi-même en concordance avec le destin et l'instinct de survie ». L'amour de soi-même est peut-être une expression plus simple à employer, mais mon analyse montre l'essentiel en relation avec mon objectif : l'amour de soi-même n'est pas fondamental. Notre vie ne se construit pas sur cette notion, mais sur celles d'instinct de survie et de destin. L'amour de soi-même est vraisemblablement une construction intellectuelle. Un imaginaire, que certains mythes nous enseignent. L'amour de soi-même peut exister en tant qu'imaginaire, au même titre que les miracles ou les fées.

Ah ! Quel rabat-joie ! Quel mord-la-poussière ! que ce penseur, vous dîtes-vous. Il ne veut pas être heureux, donc il échafaude tout un système d'arguments pour démontrer que l'amour n'existe pas. Voilà qui est facile, voila qui est lâche. Certes, cela est un peu vrai, je l'admets. L'omniprésence de l'amour romantique dans notre société me pèse ; tous les films imposent la vie de couple ; il faudrait que j'éprouve de l'amour pour que je sois un honnête citoyen. Or je ne saurai pas quoi faire d'une vie de couple. Quand j'avais vingt ans, cela me semblait être un objectif en soi. Vingt ans plus tard, bof ! Donc je profite de la présente phase de ma vie pour réfléchir à propos d'un monde sans amour. Au moins ne pourra-t-on pas me faire le reproche de ne pas connaître l'absence de l'amour ou de ne pas en avoir sondé les limites !

Poursuivons.

L'amour pour remédier à la solitude

La solitude est-elle un problème, et l'amour sa solution ? Petite rhétorique en trois temps : à la fin, au milieu et au début.

L'amour à la fin

« Tu es un égoïste, tu finiras ta vie tout seul ! » Voilà ce qu'on dit aux gens qui ne pensent qu'à eux-mêmes. Veuves et veufs, divorcées et divorcés finissent leur vie dans la solitude. Au moment de la mort, que l'on soit entourés de ceux qu'on aime ou qu'on soit seul chez soi, la solitude est inévitable, me semble-t-il. La mort est un acte solitaire et je ne vois pas comment l'amour pourrait changer ça. La mort est le contraire de la naissance ; la naissance est un acte à deux, la mort est un « one man show ». Admettons un instant que l'amour existe bel et bien au sens commun. La naissance est nécessairement suivie de l'amour parental. Sortons le miroir ! La mort est-elle nécessairement précédée de l'amour ? Naissance → amour, amour →

mort. L'amour aide à démarrer la vie, l'amour aide à la finir ? Je suppose qu'avec la personne aimée, dans les dernières années de la vie, on partage pensées et confidences. On « vide son sac », on « fait ses comptes », pour partir l'âme en paix. On règle la question des héritages et des funérailles. À deux cela se fait plus facilement que tout seul, je le conçois. Et, plus simplement, on réfléchit ensemble à propos de la valeur et du sens de ces derniers instants, et de toute la vie.

Pour cela il faut être avec une personne aimée et qui nous aime. Avec un inconnu ce n'est pas possible. Donc oui, l'amour semble être une solution à la solitude ante-mortem. Donc non, l'amour n'est pas nécessairement la solution. Car en y regardant de plus près, à quoi sert l'être aimé ? Il sert à nous amener au pardon. À pardonner à ceux qui nous ont nui, à ceux à qui nous avons nui et à nous-mêmes. A-t-on vraiment besoin d'amour ? N'est-ce pas plutôt de pardon, de réconciliation et de paix dont nous avons besoin à la fin de notre vie ? L'amour … là j'ai cru instant l'avoir enfin attrapé. Mais encore une fois il n'est pas fondamental ; il ne fait que se superposer à des notions qui elles sont fondamentales. Sans ces notions, point d'amour. Sans pardon, sans réconciliation, sans paix, on peut pas parler d'amour. Ces notions-là existent vraiment, par elles-mêmes. Mais l'amour ?

En début de texte j'ai listé les différentes définitions de l'amour. L'amour semble être un grand sac fourre-tout, dans le lequel on met tout ce qui est fondamental.

Sortons encore le miroir ! L'amour existe-t-il ? Est-ce l'amour qui permet aux personnes qui vont mourir dans d'atroces circonstances, de partir en paix, en ayant pardonné, en étant réconciliées avec la vie ? Les personnes gazées à Auschwitz par exemple : elles ne mourraient pas seules. Le fait d'être nombreux, dans ces circonstances horribles, leur a-t-il permis de partir l'âme en paix ? Certains récits de survivants des camps de la mort vont dans ce sens. Mais on sait que certains torturés, au seuil de la mort, pardonnent à leurs bourreaux et partent sans haine, en douceur. Il semble donc que la capacité de quitter sereinement la vie relève plus de la personnalité (lucidité) que du nombre de personnes qui nous entourent, et qui nous aiment.

Et encore le miroir ! Question suivante : les dictateurs meurent-ils en paix ? Miroir ! Les gens renommés pour leur bonté ne meurent pas seuls. Mais meurent-ils en paix ? Le pape Jean-Paul II est-il mort en paix ? L'actuel Dalaï-lama mourra-t-il en paix ?

L'amour en fin de vie est-il nécessaire ? Ne suffit-il pas d'être lucide et non rancunier pour mourir en paix ?

Méfions-nous de la propagande sociale d'aujourd'hui, qui fait étal de l'amour à tous les âges. Elle montre l'amour partout, parce que l'amour est un signe de jeunesse. Et notre société, qui marchandise tout, voue un culte à la jeunesse – pour ne pas dire à la vie éternelle. Mais elle voit aussi autre chose dans l'amour : elle voit l'amour comme une source d'énergie. Qui dit amour dit maison, enfants, vacances, jouets, loisirs, bref le jackpot. L'amour est une énergie qui amène à faire des achats, génial ! Donc il faut stimuler sans cesse l'amour, le vanter sans cesse, en faire la norme indépassable et indiscutable. Surtout : indiscutable. Or l'amour ne permet pas tout. L'amour n'est pas la seule forme d'épanouissement. L'amour n'est pas propice à la réflexion par exemple. La réflexion solitaire est plus féconde ; la solitude a des bons côtes, pour ainsi dire. Quand on vit seul, on se contente de peu. Quand on est amoureux, quand on aime selon les différentes définitions données en introduction, on dépense sans compter. Les solitaires sont radins, les « bons vivants » amoureux dépensent sans compter. Les radins sont tristes et gris, les bons vivants sont joyeux et colorés. Stop ! De ces clichés mercantiles nous devons nous départir. L'idée de l'amour qu'ils inculquent, seconde après seconde, jour après jour, année après année, à chaque habitant de chaque pays sur terre, n'est pas saine mentalement. L'amour n'est pas la solution à tous les problèmes !

L'amour au milieu

Vous avez entre trente et cinquante-cinq ans, vous vivez seul et vous voudriez avoir une tendre compagne ou un tendre compagnon pour partager les bons et les mauvais moments de la vie ? Je sais de quoi je parle, je suis dans cette tranche d'âge. Écrasé par des tonnes de mythe moderne de l'amour que la société mercantile vous déverse sur la tête, vous vous dîtes que vous n'êtes pas si vieux que ça, que vous pouvez encore exprimer votre masculinité ou votre féminité, et que ce serait idiot de renoncer aux plaisirs de la vie à deux. Vous travaillez et les opportunités de rencontrer des personnes célibataires de votre âge sont rares ? Vous testez des sites de rencontre sur internet. Vous allez à des soirées dansantes. Et, oui, vous pouvez y rencontrer quelqu'un qui partagera les mêmes envies que vous.

Il paraîtrait qu'en France 18 millions de personnes vivent seules. Surtout à Paris, curieusement. Paris, la ville du vivre ensemble, est en fait la ville des célibataires et des individualistes ! À Paris, les mots brillent comme la tour Eiffel, mais c'est bien tout ce qui brille… La capitale donneuse de leçons bien-pensantes n'est pas à la hauteur de ses propres volontés. Le problème de la France, c'est Paris : sa volonté de centralisation ne peut émerger que de gens individualistes. À Paris, en 2015 le journal « bête et méchant » Charlie Hebdo était sur le point de fermer faute de lecteurs. Tout le monde s'en fichait de la liberté d'expression et du droit de moquer. Paris était la capitale de l'individualisme. Puis se produit l'attentat terroriste bien connu, et tous les Parisiens se dirent « Charlie ». Et à la suite tous les Français dirent aimer Charlie. C'est l'amour à la française : on t'aime quand t'es sur le point de crever. Il n'y a pas plus hypocrite que cet amour. Mais je m'égare …

Donc le trentenaire vit seul et ça le gêne ? Pourquoi ? Parce qu'il n'a pas encore d'enfants et qu'il en veut. Et cette angoisse empire quand les quarante ans se rapprochent ? Pas de panique ! Ce problème n'est pas un problème. D'une part il y a bien assez d'enfants, la France ne va pas se dépeupler, au contraire. D'autre part, si vous vouliez vraiment avoir des enfants, vous n'auriez pas tergiversé pendant dix ans (durant la vingtaine). La question d'avoir ou non des enfants ne vous aurait même pas effleuré : vous auriez fait des enfants sans vous poser de question. Point. Si vous vous posiez la question, c'est que vous n'aviez pas l'instinct familial. Admettez-le, plutôt que de pleurnicher sur les enfants que vous n'aurez peut-être pas. C'est la société mercantile qui est responsable : elle fait tout pour vous mettre mal à l'aise si vous n'êtes pas amoureux et que vous ne faites pas d'enfants. Elle vous fait vous sentir honteux de ne pas « être comme tout le monde ». Je dis : aux chiottes le mythe moderne de l'amour ! Vive la solitude romantique !

De toute façon, quand l'amour vous tombe dessus, vous ne pouvez pas y échapper. Le coup de foudre, qu'il soit instantané ou plus dilué dans le temps, est de l'ordre du destin. Si vous le refusez, vous vous faites du mal. Vous ne pouvez pas le refuser. Donc cela signifie que si l'amour ne frappe pas à votre porte, c'est votre destin. N'allez pas forcer votre destin ! Et si l'amour frappe à votre porte, vous ne pouvez pas le refuser. Pas de choix, que du destin !

On me dira que les gens qui vivent tout seul au fin fond de la campagne n'ont pas les opportunités de rencontrer par hasard des célibataires « compatibles ». Certes, mais eux-mêmes ne sont pas arrivés, ou restés, par hasard dans ces recoins perdus de France. De la même manière qu'il y a en France des déserts médicaux, il existe des « déserts de l'amour ». Des zones géographiques qui ne sont pas propices à l'installation de l'amour. Il y avait cette chanson avec ce refrain : « Allô docteur, j'ai mal à mon cœur ». Dans ces zones de campagne profonde où les déserts se recouvrent, vous n'avez même pas de docteur à qui en parler ! Les gens qui vivent dans ces zones-là, y vivent justement parce qu'ils peuvent y vivre. Mentalement et physiquement ils y sont aptes : ils n'ont pas besoin d'amour. Ils ne ressentent pas la nécessité de l'amour. Et les gens pour qui la vie dans ces zones est difficile, ne restent pas longtemps dans ces zones. Ils les quittent, ils partent vivre ailleurs, en ville ou en banlieue. Les campagnards sont par essence des solitaires qui n'accordent pas beaucoup de temps et d'énergie au bel et grand amour. Que préférez-vous ? La campagne ou la ville ? Si c'est la campagne, alors renoncez à faire de l'amour votre priorité. *Vous serez heureux en abandonnant l'idée de vivre en couple.* Quand on vit en couple, famille, enfants, écoles, vacances, tout ça… on n'a plus le temps de vivre avec la campagne. Il faut, comme en ville, gagner plein d'argent. Quand on est occupé à gagner de l'argent, même en élevant des moutons dans la baie du Mont Saint-Michel, on perd le contact avec la Nature.

À la rigueur acceptez une amitié amoureuse, ou une relation amoureuse avec rencontres le week-end uniquement. Madame ou monsieur viendra de la ville se délasser avec vous dans votre campagne, et vous irez de temps en temps dans sa ville. Vous aurez ainsi le meilleur des deux mondes !

Et si vous êtes un ou une célibataire en ville ? À Paris par exemple… C'est que vous êtes un individualiste. Un égoïste qui chérit avant tout des soirées pépères tranquilles, affalé dans un canapé devant un film. La petite routine rassurante. Si vous ne rencontrez personne, alors c'est que vous n'en faites pas l'effort. En ville il y a des centaines d'associations de tout genre, il y a des centaines d'évènements culturels, il y a des centaines de lieux de rencontre. Mais ce n'est peut-être pas votre destin, même en ville, de vivre en couple. Peut-être, dans votre cas, vivrez-vous en couple lorsque vous aurez quitté la ville ?

Ou bien vous êtes persuadés que vous demeurez seul parce que vous êtes moches, gros, lent, bête ? C'est possible : l'amour est affaire de sélection. Paradoxalement, la société mercantile vante l'amour à tout bout de champ en même temps qu'elle prône les *corps parfaits*. Des femmes-enfant taille 36, des hommes-adolescent aux muscles gonflés et à la barbe duveteuse. Vous n'avez pas un beau corps ? Eh bien votre solitude s'explique. Ce décalage entre l'amour comme norme et le culte de la perfection des corps crée beaucoup de frustrations. Beaucoup de gens pensent ne pas mériter l'amour, ne pas mériter la vie en couple, parce que physiquement ils n'ont rien de remarquable. Des frustrations qui génèrent … des achats compulsifs (chaussures et vêtements pour madame, gadgets techniques pour monsieur). Ouf, la société mercantile est sauvée ! Elle stimule une énergie – l'amour – qui, à défaut d'être satisfaite génère une autre énergie – la frustration. Et les deux énergies servent à faire des achats, c'est génial ! Sauf quand vous arrêtez d'acheter : là vous n'êtes plus cool. Vous êtes devenu un vieux garçon ou une vieille fille près de ses sous, donc pas sociale, nécessairement. Ouh les radins au cœur sec !

D'ailleurs, les pauvres n'ont pas de sous, donc c'est normal qu'ils soient seuls. En fait, les pauvres vivent souvent en couple. Et ils s'aiment, et ils ont des enfants. Mais pourquoi, voila bien une explication que les golden boys qui dirigent notre société mercantile ne peuvent pas comprendre… Les pauvres ne leur permettent pas de s'enrichir, donc ils n'existent pas… je m'égare encore.

Donc, est-ce que l'amour au milieu de la vie, pour ne pas vivre seul, est de l'amour ? Non, c'est un mythe créé de toute pièce par les marchands, pour nous inciter à dépenser sans cesse notre argent. N'y succombez pas. Il y a plus important : trouver le chemin de votre destin et y avancer à grands pas. C'est maintenant qu'il faut le faire, pas quand on a soixante-dix ans. Une fois la vingtaine terminée, on a un peu d'expérience de la vie et on a compris ce qu'est l'endurance : on va pouvoir mettre toute notre énergie dans un grand projet. Et vous n'aurez plus aucun sentiment de solitude, quand vous serez accaparé par ce projet. Si vous arrivez à faire une famille en même temps, c'est bien, mais ce n'est pas indispensable. Je rappelle que des enfants il y en aura toujours assez, et de l'amour (l'amour honnête, pas celui frelaté de la société mercantile) il y en aura aussi longtemps qu'il existera des adolescents et des jeunes adultes. L'amour ne disparaîtra pas. Vous pouvez vivre sans vous en préoccuper.

Ce n'est pas facile d'accepter de se libérer de l'amour : l'emprise publicitaire et sociale est forte et omniprésente. Je le sais, j'en fais l'expérience dès que j'allume la radio. Mais il faut tenir bon, et se plonger dans le projet de notre vie. Notre projet de vie est unique, alors que les histoires d'amour et de vie en couple sont banales et répétitives. La solitude de milieu de vie est un problème, certes, mais l'amour n'en est pas la solution. Un projet de vie renouant avec le fil de votre destin en est la solution. C'est facile d'oublier l'amour.

L'amour en début de vie

Petit garçon ou petite fille, vous étiez déjà un solitaire ? Était-ce volontairement ? Était-ce un problème ? Peut-on ressentir la solitude, et la tristesse qui y est culturellement associée, avant l'adolescence ? Vous avez grandi sans papa et sans maman. Mais vous avez grandi quand même. Sans amour.

À ces âges précoces, soit on est entouré d'amour et donc de gens (parents et amis), soit on n'est pas entouré d'amour et on est seul. On vous choit tout le temps, on passe du temps avec vous. Ou on vous dépose à la garderie ou à l'école comme un poids dont on se libère. Soit l'amour vous entoure, soit la solitude vous entoure. Ce qui ne présage pas de l'amour et de la solitude durant votre future vie d'adulte !

L'amour n'a donc pas pour cause l'amour, la solitude n'a pas pour cause la solitude. Un enfant élevé dans la solitude peut devenir amoureux et un enfant élevé dans l'amour peut devenir un solitaire. La solitude ne cause pas l'amour, l'amour ne cause pas la solitude. Je devrais laisser ici la plume à un enfant solitaire, mais je n'en connais pas. Gamin, j'étais solitaire en ce sens que j'avais perçu le groupe en tant que tel et l'instinct grégaire des autres enfants. J'avais compris que certains s'agrègent sans réfléchir. Mais j'avais des amis, je n'étais pas seul. Quand on est entouré de sa famille et d'amis, ressent-on d'autant mieux ce qu'est l'amour ? Si vos parents vous aiment et le montrent, l'amour est quelque chose d'évident. Donc vous n'en avez pas conscience, paradoxalement. Il faut parler avec d'autres enfants et aller chez eux, et voir que d'autres parents n'aiment pas leurs enfants, et à ce moment on se dit qu'on a de la chance d'avoir nos parents aimants. Celui qui aura été rejeté et ignoré saura d'autant mieux ce que signifie l'amour.

Les enfants aimés deviennent-ils « meilleurs » que les mal-aimés ? Chacun dans son entourage connaît des personnes qui ont reçu plein d'amour étant enfant, et qui ne se sont pas épanouies par autant. Et le contraire est également vrai. Donc encore une fois l'amour n'est pas nécessaire. Du moins, catégoriquement, on peut dire que l'amour n'est pas fondamental. L'enfant peut se sentir seul et mal-aimé : cela ne présage pas de son futur. Pourquoi ? Allez poser cette question au grand architecte de l'univers… C'est lui qui fixe les destins. Qu'est-ce qui est plus important, dans l'enfance, que l'amour qu'on peut recevoir ? Les catholiques disaient : la juste crainte, le respect et l'égalité. De zéro à dix ans, le père devait faire en sorte que son enfant le craigne. De dix à vingt ans, qu'il le respecte (dans ce sens que le père devait mériter le respect, et non le forcer). Et au-delà le père devait traiter son enfant comme un ami, comme un égal. Aujourd'hui, l'essentiel n'est-il pas que l'enfant devienne autonome, curieux, courageux ? Ces capacités ne sont-elles pas plus utiles que l'amour ? Et ne peut-on pas enseigner ces capacités dans un environnement sans amour ? Je pense que si.

Mais l'amour parental n'est-il pas indispensable pour que l'enfant acquière un tant soit peu de confiance en soi, sans laquelle l'autonomie, la curiosité et le courage sont vains ? Du tac au tac je réponds que l'acquisition de la confiance requiert la mise à l'épreuve et la présence d'une retraite en sécurité. Le parent représente la sécurité. Donc plus fondamental que l'amour sont la sécurité et la mise à l'épreuve. L'enfant ose être mis à l'épreuve parce qu'il sait qu'il peut à tout instant retrouver la sécurité chez son parent. Encore une fois, on recule par rapport à l'amour ; au fur et à mesure que je teste les angles par lesquels le saisir, l'amour ressemble de plus en plus à un concept vide. Un concept qui n'existe pas en soi, mais qui est englobant. L'amour ressemble à un sac qui n'existe que s'il est rempli d'autres notions. Un sac magique, en quelque sorte !

Si le petit enfant ne peut pas être tenu pour entièrement responsable de sa solitude, l'adolescent et le jeune adulte le peuvent. Quelqu'un me faisait remarquer qu'à ces âges, on est rarement seul. On ne manque pas d'occasions pour parler à la personne qui nous attire. La curiosité est spontanée, et si on est seul, c'est qu'on refuse celle de l'autre envers nous. Amour et solitude continuent à s'exclure l'un l'autre comme dans la petite enfance. Mais à cet âge-là, est-ce d'amour dont on a besoin ? N'est-ce pas plutôt de découverte, de test de soi-même, de confrontation avec l'autorité, d'aventure, de prise de risque ? Autrefois cet âge de la vie était un âge d'initiations. Un âge de rites de passage entre l'enfance et la majorité. Notre société mercantile a occulté l'importance de cet âge charnière, où commence à se poser la question du sens de la vie.

Donc l'adolescent ou le jeune adulte qui se sent seul, pour rompre sa solitude, ne doit pas courir après les filles ou les garçons. Il doit se lancer dans activités dont le contenu et la progression se rapprochent de rites de passage initiatiques. Il trouvera d'autres jeunes qui seront volontaires pour faire ensemble ces activités initiatiques. L'adolescence n'est pas encore l'âge de l'amour charnel ou même romantique.

L'amour passionnel

Entre les affres de l'adolescence et ceux de la trentaine, les vingt ans offrent à la vie un potentiel gigantesque. C'est notamment la rencontre avec l'amour passionnel. L'amour charnel et romantique. Mince, j'ai mis la barre bien haut en prétendant parvenir à prouver que cet amour n'en est pas un. Qui peut nier que cet amour passionnel n'existe pas ? On a (presque) tous été amoureux à cet âge-là. On s'est laissé emporter par les sentiments, par la découverte de l'autre, de son corps, de son sourire, de sa vision du monde, de ses rêves et de ses peurs. On s'est dit : ça y est, c'est pour de vrai ! Youpi ! Et … et c'est tout.

Avec le recul que me confèrent mes presque quarante ans, je peux dire que cet amour était de chair et de découverte de l'autre, et rien de plus. C'était d'une part un désir sexuel. Et les recherches en biologie ont montré, depuis longtemps, que les hormones sont responsables de l'attirance et de la fornication. Même le choix du partenaire ne dépend pas de notre volonté : il dépend de nos gênes. Et de notre histoire familiale pensent certains. On cherche instinctivement un partenaire qui n'a pas les mêmes traits physiques que nous, parce que ce c'est pas sain. Deux personne moches qui s'aiment et qui font des enfants, auront des enfants moches. Les lois génétiques qui régissent l'apparence des chiens de race régissent aussi notre sexualité, c'est bien connu. Aujourd'hui nous cherchons, inconsciemment guidés par nos gènes, une sorte de complémentarité physique. Mais auparavant, certains faciès étaient typiques de certaines régions (sans que ce soit pour autant de la consanguinité). Auparavant les gens avaient des traits fortement marqués (gros nez, gros yeux, maigres jambes, etc.), d'autant plus que la région était isolée ou que les gens ne se déplaçaient pas ou voulaient garder certains biens terriens dans un cercle plus ou moins restreint (la grande famille). De nos jours, la facilité des déplacements a permis un meilleur brassage des gènes et les traits physiques se sont normalisés. Une personne qui a un gros nez a beaucoup de moyens de transports disponibles pour aller là où elle pourra aimer une personne avec un petit nez. Je m'égare un peu, mais la vérité de l'amour passionnel est que *cet amour est guidé par la biologie de la reproduction*. On n'a pas le choix de la personne dont on tombe amoureux. C'est celle-là, par exemple, avec son visage rond, ses cheveux lourds et bouclés, ses formes généreuses. Ou celle-là, au visage aquilin, à la bouche fine, au corps sans courbes. La biologie, les hormones, les gènes, nous guident. Pas d'amour : que de la détermination génétique !

Ou bien c'est la société, hélas, qui nous guide. Qui nous met en tête que tel type d'homme ou de femme est plus désirable que tel autre. La beauté est une construction : les mannequins femmes et hommes ne représentent pas du tout la moyenne de la population. Ce sont des anorexiques, tout comme la majorité des femmes vedettes du cinéma et de la télévision, dont l'apparence est retravaillée par ordinateur. Mais la société n'inculque pas uniquement l'apparence idéale : elle inculque aussi l'attitude idéale. Ainsi les femmes doivent « viser » les hommes qui ont les deux pieds sur terre, avec un emploi stable et rémunérateur, avec un plan de carrière. Et les hommes doivent viser la femme moderne, qui exerce une activité innovante et féministe. À force de propagande continuelle via les films et les publicités, on en vient à trouver attirantes les personnes dont on pressent qu'elles vont mener une vie idéale. Une vie « comme dans l'annonce » – comme dans le film, comme dans la publicité.

En prenant un peu de recul, on voit vite que la société mercantile prône une certain conformisme des mœurs et des modes de vie. Ce n'est pas surprenant : comme cette société ne vit que pour et par l'argent, elle uniformise tout par rapport à l'argent. Tout devient un multiple de l'argent. Pour tout ce qui touche à l'amour, les propagandistes ont leur travail facilité par l'amour même, dont on sait la banalité des formes, des occurrences et des évolutions. Bref, nous sommes en train de réfléchir à l'amour, de nous demander si l'amour existe, alors qu'en face de notre œil intellectuel nous avons une société de moutons. De moutons biologiques et sociaux : la biologie et la société déterminent l'amour à un point tel que je ne veux plus appeler cela de l'amour. C'est du conformisme ! Le conformisme, se fondre dans le moule de la vie à deux, est plus fondamental que l'amour passionnel. L'amour passionnel est comme un gros gâteau au chocolat fondant : vous ne pouvez pas faire autrement que de vous jeter dessus. Ce n'est pas de l'amour, c'est de la gloutonnerie, on voudrait pouvoir en manger sans fin, on voudrait pouvoir être dans la norme pour toujours. Que ce serait rassurant ! Eh oui, conformisme et aussi besoin de sécurité via la norme sous-tendent l'amour passionnel.

Où est l'amour, le vrai ?

Le véritable amour

Résumons. En considérant la nature, je n'y ai pas trouvé trace de l'amour. En considérant la société, j'y ai trouvé trois formes d'amour qui n'en sont pas. J'ai trouvé qu'il n'y a que des actes et des pensées, que l'on regroupe sous le terme d'amour. Mais je n'ai pas trouvé l'amour pur : le sentiment de l'amour, qui ne dépende ni d'actes ni de pensées. J'ai trouvé en lieu et place de ce qu'on appelle amour, des besoins et des aspirations fondamentales, qui peuvent se manifester sans que « l'amour » soit présent. L'amour n'est-il donc qu'un mot ? Une commodité de langage ? Un sac conceptuel qui n'existe que lorsqu'il a quelque chose à contenir, comme je l'écrivais plus haut ? Donc j'aurai atteint mon objectif : montrer que l'amour n'existe pas ?

Et si le véritable amour était inconditionnel ? Un amour qui ne serve ni la biologie ni la société ? Et si le véritable amour était l'amour libre, voulu, décidé, et non ces faux amours dont on ne peut pas s'éloigner sans se faire du mal. Imaginons : on déciderait, tel jour, de recevoir de l'amour. Et tel autre jour d'en donner. Ou d'en recevoir et d'en donner chaque jour, à toute personne sans distinction de sexe, de rang social, de couleur de peau, de métier, d'âge. Mais un obstacle nous empêche d'imaginer plus loin : cet amour impliquerait aussi de refuser de recevoir de l'amour. On pourrait refuser l'amour sans que cela nous fasse mal. Or ne serait-ce pas là de l'indifférence ?

Quelle serait la chose censée nous faire du bien et que l'on pourrait refuser sans que cela nous fasse du mal ? Ce ne pourrait être qu'une chose dont nous n'avons pas besoin. Car si nous en avions besoin, ne pas la recevoir nous ferait du mal. Et si c'est un besoin, alors ce ne peut pas être de l'amour…

Je viens de prendre conscience que je suis arrivé à la vision de l'amour qu'avait mon ex-compagne : l'amour, ce truc qui est là quand tout le reste qui est important est déjà sécurisé. S'il est là, c'est bien. Sinon, tant pis. Je précise qu'elle était Allemande (mais toutes les Allemandes ne sont peut-être pas comme ça). L'amour, le bidule en option ? La queue de cerise de la cerise sur le gâteau ? Cet amour-là est sans valeur, si on peut vivre aussi bien sans qu'avec.

Ou bien cet amour que les bien-pensants, les « bobos » et les aristocrates prodiguent selon leur humeur : « que c'est bien ce que vous faites », « vivez ensemble », « le crayon plus fort que la kalachnikov », « le glyphosate c'est mal », « tout le monde a besoin de réconfort et d'écoute », etc. Ce sont des formules faciles, qui ne mangent pas de pain et qui n'engagent pas. Tout le monde est devenu « Charlie », quand bien même 24 heures avant plus personne ne lisait Charlie. Ce genre d'amour gratuit est hypocrite.

Quant au polyamour, une forme hyper-moderne d'amour à la mode sur internet, c'est de la foutaise. Il s'agit de pouvoir aimer plusieurs personnes en même temps. Afin que ce soit possible il faut n'éprouver aucune *dépendance affective* envers ces personnes. Par exemple : mon bonhomme n°1 part pendant deux mois ? Bof, ça ne me fait rien. Mon bonhomme n°2 part pour de bon ? Bof, ça ne me fait rien. Ou il meurt ? Bof, ça ne me fait rien. Parce que je suis affectivement indépendante. En fin de compte, ce polyamour est un égoïsme déguisé.

Me voilà donc pris au piège ! Pris entre d'un côté un amour qui est une obligation et donc ne peut pas être un véritable amour, et de l'autre côté un amour optionnel qui ne porte pas à conséquence et donc ne peut pas être un véritable amour.

Est-ce que l'amour, le véritable amour, est une quête impossible ? Pareille à cette formule qu'on emploie pour la liberté, et dont j'ai oublié l'illustre auteur : on est libre à partir du moment où on sait ce qui nous détermine. Ce savoir nous libère, para-doxalement. Mais n'est-ce pas là qu'un jeu de mots ? La prison est-elle un enfer tant qu'on n'a pas compris pourquoi on nous y a jetés ? Et devient-elle édifiante quand on comprend pourquoi on est arrivé dans ce lieu ? Devient-on libre malgré les murs qui nous emprisonnent ? Pareillement, le véritable amour est-il d'accepter les sentiments qui nous « tombent » dessus, tout en reconnaissant que nous ne pouvons pas les écarter ?

Ou bien, dans une autre direction de pensée, le véritable amour est-il cet amour qui n'exige rien en retour ? La motiva-tion d'aider, de soigner, d'écouter, de réconforter, de pardon-ner, etc. sans rien attendre en retour ? Parce que j'ai auparavant montré comment l'amour repose sur des besoins fondamen-taux, qui doivent être satisfaits. Aimer véritablement quel-qu'un, ce serait faire quelque chose pour son bien, sans que cette action ne nous augmente d'aucune façon que ce soit. Sans que nous en retirions rien, pas même de la fierté ?

Les deux définitions sont cumulables : le véritable amour serait d'accepter les gens tels qu'ils sont et leur faire du bien, sans rien exiger pour soi-même. Rien ne nous oblige à faire tout le temps preuve d'un tel amour, et rien ne nous oblige à accepter un tel amour. Pour autant il n'est pas sans valeur ni sans conséquence. Nous connaissons tous de tels actes d'amour.

Voilà qui me semble … acceptable.

J'aurai donc démontré que l'amour, bien souvent, n'en est pas. Mais que l'amour existe quand même. L'amour véritable est une pure motivation altruiste, quand les faux amours reposent sur la satisfaction de besoins biologiques et sur des normes sociales. Ce sont des amours de dictature. Gardons-nous des amours qu'on ne peut pas rejeter ! L'amour véritable est spontané, non programmé, librement émis et librement accepté ou rejeté. Parce qu'il n'est pas automatique, il a une valeur.

Suis-je content, en fin de compte, de ne pas avoir atteint mon objectif ? Suis-je content de ne pas avoir pu démontrer que l'amour n'existe pas. Moi qui fût déçu de l'amour. Moi qui suis un célibataire désormais endurci et qui vraisemblablement ne connaîtra plus jamais l'amour. Ai-je envie de vivre encore une fois cet amour véritable que j'ai décrit ? Je crois que je vais essayer d'en imprégner plus encore mes activités de maraî-cher et d'écrivain.

Voilà donc, chers frères du temple des secrets de l'intelligence, ma réflexion sur l'amour, que je livre à votre analyse éclairée.

*

Un silence lourd s'ensuivit. Lentement, le vénérable maître se leva et dit :

— Frère portier et frère barman, allez ! Amenez notre hôte dans la salle des repas et servez-lui une boisson et des cookies. Qu'il y attende, sans angoisse, car je puis déjà affirmer que notre évaluation sera positive. J'ai dit.

LUNE

La pleine lune se rapproche.

Une fois encore, les enfants de la nuit vont sortir de leurs
terriers d'ombre.

Guidés par les félins esprits, ils se répandront autour des
maisons des Hommes,

et ils entonneront les chants des premières heures
de l'humanité.

Dans la lumière de l'astre nocturne, délié par ces mélodies
secrètes, le temps des Hommes sera régénéré
encore une fois.

Peut-être.

Certainement.

À MES GRAND-MÈRES

Ma grand-mère paternelle est partie pour l'au-delà en 1987 et ma grand-mère maternelle en 1995. Comme j'ai quitté la France avec mes parents en 1987, à l'âge de tout juste huit ans, je n'ai donc presque pas connu ni l'une ni l'autre. La première avait eu un accident cérébral vasculaire ; je n'ai même n'ai pas le souvenir d'avoir échangé quelques phrases avec elle. Je n'ai même pas en tête le son de sa voix. Juste celui de ses ronflements. Car mamie ronflait ; voilà qui me faisait et me fait encore sourire. Avec ma grand-mère maternelle, je me rappelle quelques repas de famille, une journée dans son jardin quand elle m'avait dit de ne pas y faire tomber des graines d'herbes. Et une soirée, un lait au chocolat fait par elle, mais de quoi nous avions parlé, je l'ai oublié. Elle était aussi venue nous rendre visite à mes parents, mon frère et moi en Nouvelle-Calédonie, durant quelques semaines. Malgré cela, j'ai tout de même du mal à me remémorer le son de sa voix.

Des souvenirs incertains : une raison pour oublier le passé ou pour le creuser un peu ?

En 1999 je suis revenu vivre en France, à Rennes puis à Strasbourg pour finir mes études puis à Carentan pour chercher du travail. Faute d'en trouver je suis reparti, pour l'Allemagne fin 2005. Et je suis revenu fin 2011. Les raisons de revenir étaient claires : je voulais notamment mieux connaître la « terre de mes ancêtres ». Depuis 2012 donc, je cherche les valeurs nobles qui sont censées gouverner mon pays, ce pays dans lequel mes grand-mères ont vécu. Ce pays qui par le passé était une puissance mondiale... Ce pays qui était celui de mes grand-mères que j'ai si peu connues...

Trouver ces valeurs n'est pas évident, comme vous l'avez compris de mon livre *À la recherche de la morale française*. Parce que ces valeurs sont peu nombreuses et que parfois elles sont à peine visibles sous une forte couche de poussière. Mais j'en ai trouvé ! Dans le présent texte, ce ne sont pas précisément ces valeurs que je cherche : ici je voudrais pouvoir trouver dans le temps présent les *sillons fertiles du passé*. Ces sillons d'où a émergé ce qu'il y avait, et ce qu'il y a, de mieux en France. D'où vient ce qui a fait de la France un « grand pays » ? C'est-à-dire qu'est-ce qui a fait des Français un peuple noble ? Quels sont ces sillons d'où naissent les valeurs qui ont fait et font de la France le pays qu'elle est ? Je peux constater aujourd'hui des traits de noblesse de cœur et d'esprit chez mes concitoyens, pas nombreux mais bel et bien existants. Bel et bien solides. Où et quand ont germé ces traits ? Dans quels sillons, et des sillons tracés par qui ? Ou tracés par quoi ? C'est-à-dire que je cherche « quelque chose » un cran au-dessus des valeurs – ou en dessous, plus fondamental. Peut-être ce que Napoléon appelait ses « masses de granit » et qui devait servir à fonder un empire éternel ?

Pour entreprendre cette recherche des sillons fertiles, il me faut chercher dans le passé les prémices du présent. Le passé, c'est la jeunesse de mes grand-mères, c'est l'entre deux guerres, comme on dit par ici. C'est la « belle époque ». Je pose l'hypothèse (partielle, j'en ai conscience) que c'est durant ces années-là que germèrent dans les cerveaux d'hommes d'affaires et de capitaines d'industrie les structures de la société d'aujourd'hui ; la reconstruction après la seconde guerre mondiale leur a donné l'alibi pour imposer leurs visions comme indispensable et sans alternative. *2018 a été pensé et planifié en 1918.* D'où une certaine morale, d'où une certaine éducation, d'où un certain ensemble homogène de comportements et de références culturelles dans la population qui a été forgée à partir de l'entre-deux guerre et à pleine puissance à l'après-guerre. Les personnes qui ont grandi dans ces temps-là, mes grand-mères, ont transmis ces valeurs à mes parents, les baby-boomers. Qui les ont transmises à leurs enfants, c'est-à-dire ma génération née dans les années 1970 et 1980. En partie.

Dans les dépôts-vente, braderies et vide-greniers du département, je n'ai trouvé que peu de livres des années 1920 et 1930. Est-ce le fruit du hasard ? Il est possible que ces livres aient fini dans une sorte d'autodafé généralisé et invisible, car je crois qu'on pouvait y lire que notre présent des années 2010 mais aussi 1960 y était déjà tout tracé, avec un élément qu'aujourd'hui on répugne à regarder : l'élément de contrôle des peuples. *Par le passé, avant-guerre, on ne cachait pas cette capacité à contrôler les gens, à leur faire faire ce qu'on attend d'eux.* On s'en vantait, ainsi T.E. Lawrence, « Laurence d'Arabie », qui dans son livre *Les sept piliers de la sagesse*, livre moult techniques pour contrôler un peuple en cocréant les maîtres qui doivent le diriger (dans ce cas le peuple d'Arabie Saoudite). Aujourd'hui, le contrôle des peuples est un sujet tabou. Dès que quelqu'un s'en approche, on lui brandit dans la face le spectre des totalitarismes. On préfère affirmer que la démocratie est le meilleur modèle de gestion d'une nation. Le moins mauvais modèle. En ajoutant, à faible voix et rapidement, que l'argent est l'outil indispensable de gestion du monde… Je crois que durant la belle époque on a fait un sillon, et que dans ce sillon on a mis la graine de la démocratie. Mais pas n'importe laquelle. Une démocratie au service de certaines personnes plutôt que de la majorité. Une démocratie usurpée.

Il faudra bientôt que les gens intelligents sortent de cette hypocrisie qui consiste à clamer que la démocratie est ce qu'il y a de mieux, face à des présidents comme le président américain Donald Trump, et face à des peuples dont le QI et les connaissances vont en baissant proportionnellement au degré de technicisation de la vie quotidienne. Ces peuples idiots, ou en voie d'abêtissement, ne peuvent que *s'offrir* à des gens qui ont le savoir et les capacités de les contrôler. Pour leur bien ou pour leur malheur. Je crains que mon pays ne soit sur ce chemin. Quand un peuple va dans une mauvaise direction, le bon sens exige de ne pas élire quelqu'un issu de ce peuple. Il ne saura pas corriger le cap. Dans une véritable démocratie, cela ne serait pas possible. Une telle dérive aurait été prévue et un cadre aurait été posé pour que cela ne puisse pas advenir.

Je ne poursuivrai pas plus loin cette piste de réflexion. Notre cap est-il le bon aujourd'hui ? Voilà ce que je voudrais demander à mes grand-mères. Que pensent-elles de la société d'aujourd'hui ? De la Normandie d'aujourd'hui ? Sous l'occupation allemande, ma grand-mère paternelle fut emprisonnée pour avoir participé au sabotage d'une ligne de chemin de fer. Ma grand-mère maternelle faillit mourir dans le bombardement allié de Saint-Lô. Sa sœur y mourût brûlée vive, et ma grand-mère garda de ces moments horribles une phobie du feu. Alors, si elles pouvaient revenir un court instant, je poserais cette question à mes grand-mères : « Vous qui avez souffert de la guerre, pensez-vous que la société que nous avons construite honore vos souffrances ? La promesse de démocratie que l'on vous a faites dans les années 1930 a-t-elle été tenue, au regard de la société d'aujourd'hui ? Imaginiez-vous un monde comme celui d'aujourd'hui ? » Je veux croire que leurs souffrances n'ont pas été vaines, que ces souffrances étaient la garantie qu'une société humaniste advienne. Et non qu'une usurpation de démocratie s'installe à long terme.

L'impossible réponse

Qu'est-ce qui était important aux yeux des personnes nées dans les années 1920, qui ont connu la belle époque, la guerre puis la reconstruction ? Trouveraient-elles ces valeurs aujourd'hui ? Mais il faut bien l'admettre : je ne peux pas amener une réponse objective à ce genre de question. C'en est presque rageant ! Il y a des aspects de la vie d'aujourd'hui pour lesquels je suppose que mes grands-parents seraient déçus. Et d'autres aspects qu'ils trouveraient merveilleux. Mais je ne peux qu'imaginer leurs réactions à travers mes yeux à moi. Comme je suis plutôt un progressiste écologiste, je vais plutôt regarder quel soin on prend de la Terre aujourd'hui, et je supposerais que mes grand-mères ne seraient pas heureuses du saccage actuel de la Nature. Ou bien si ? Elles qui ont vécu à l'époque du remembrement, c'est-à-dire de la grande destruction du bocage en vue d'industrialiser l'agriculture. Peut-être qu'elles diraient que les haies n'ont pas été encore assez arasées… Quand mes yeux se portent sur la chienlit politique actuelle, je suppose que cela les désolerait, elles qui ont connu la nécessité de l'ordre pour faire disparaître le chaos de la guerre et de l'après-guerre. Je vais regarder notre mauvais système scolaire et je suppose que cela désolerait aussi mes grand-mères. Mais je ne vois que ce que je veux bien voir. Je voudrais parfois pouvoir sortir de mon être pour regarder le monde avec d'autres yeux, avec d'autres valeurs et d'autres habitudes que les miennes. Sans tomber dans le « c'était mieux avant ».

Mes grand-mères seraient-elles enthousiasmées par nos campagnes aux haies misérables ? Par l'absence d'espaces naturels sauvages, de « coins sauvages », et donc par un certain rapport avec la Nature qui n'existe plus dans l'imaginaire des enfants d'aujourd'hui ? Quel enfant d'aujourd'hui a déjà vu un bois sauvage, où les arbres prennent les formes qu'ils veulent. Un coin de forêt abandonnée et sombre, au sous-bois humide et inquiétant ? Et que dire de la fin des métiers agricoles manuels, avec toutes les sensibilités qu'ils comportaient vis-à-vis de la terre, des plantes, des saisons, de la météo ? Toutes ces sensibilités que les enfants aujourd'hui ne peuvent plus voir mises en pratique, donc ces sensibilités qui sont absentes dans la construction de leur vie. De leurs valeurs. Mes grand-mères approuveraient-elles cet arrêt de la transmission ?

Aujourd'hui les métiers d'expérience, qui sont ces métiers où il faut conjuguer la réflexion, le ressenti et l'action, deviennent de plus en plus rares. Aujourd'hui même les boulangers ne font plus qu'assembler et revendre des produits précuisinés. Même les maraîchers font leurs semis à la machine, dans des terreaux artificiels faits à la machine. Il suffit alors de savoir appuyer sur deux boutons pour qu'on puisse dire qu'on sait semer. On ouvre des restaurants sans… chef ! Presque tous les métiers se réduisent à pousser des boutons… Et c'est cela que les enfants voient aujourd'hui. Ils ne voient plus que cela. Face à cette réalité du travail simpliste, répétitif, ennuyeux, face à une réalité sans défi, sans mystère, où le temps lui-même n'est plus un acteur, les enfants partent se réfugier dans la « réalité virtuelle ». *Car un monde où tout est fait par les machines et où le seul objectif est de vendre les produits des machines en se faisant un maximum d'argent, n'est pas un monde intéressant.* Toutes les graines de réflexion, de ressenti, d'observation, de patience, de dextérité… que nous ne mettons plus dans les têtes des enfants, laissent en eux des espaces vierges. Des espaces que les enfants comblent comme ils le peuvent avec la réalité virtuelle. Ou bien ces espaces disparaissent purement et simplement, c'est-à-dire que le potentiel d'intelligence des enfants ne se développe pas. Le mode de vie métro-boulot-dodo-fric-vacances des parents ne stimule pas assez les enfants. « Boule et Bill », entre autres bandes dessinées, inculque le conformisme social aux enfants, avec une maman qui fait le ménage et le papa qui travail dans un bureau sans verser une goutte de sueur. À l'opposé, les comics américains de super-héros, qui sont bien présents en France via le cinéma, inculquent aux enfants qu'ils ont le pouvoir de devenir des dieux s'ils le veulent vraiment. Or la vie est un mystère quotidien qu'il faut accepter de vivre, un mystère source d'infinis ressentis et d'infinie créativité. Voilà la vie pour laquelle l'être humain est fait, pas la vie conformisme social plat ou de délires mégalomaniaques. Je crois que ce *mystère* est un sillon fertile pour les valeurs nobles. Y a-t-il encore du mystère dans la vie, aujourd'hui en France en 2018, comme il y en avait dans les années 1920-1930 ?

Chères grand-mères, je crois que si vous reveniez aujourd'hui, vous nous diriez que nous ne sommes pas assez courageux et exigeants avec nous-mêmes. Et que cela se voit dans nos métiers d'aujourd'hui. Et que nos enfants voient ces métiers, et que cela ne leur donne pas envie de vivre. Plus précisément cela ne leur donne pas envie de faire comme leurs parents. Mais nous ne leur donnons rien d'autre à la place que la réalité virtuelle. Vous nous diriez peut-être que *la chaîne de transmission s'arrête donc là*. Que, d'un point de vue social, ma génération est le dernier maillon d'une chaîne initiée sous Napoléon. Et que d'un point de vue agricole, ma génération est peut-être le dernier maillon d'une chaîne forgée dès le Moyen-Âge. Ou même avant, avec les premiers agriculteurs au Moyen-Orient il y a environ 12 000 ans de cela.

Chères grand-mères, la religion, la patrie, l'armée, l'industrie et le labeur du travail agricole ont été les sillons de vos valeurs. Ces sillons sont toujours là, mais ils sont devenus stériles : tout se monnaie aujourd'hui, même les embryons, même la confiance. Tout se monnaie : c'est l'aboutissement des valeurs qu'on vous a inculquées durant votre jeunesse et jusque dans les années 1960. On ne peut pas aller plus loin dans la monétisation de la vie. Donc la chaîne de transmission s'arrête là. L'enthousiasme de votre génération et de celles du siècle d'avant, qui se concrétisait dans un culte du progrès indiscutable, s'éteint lentement mais sûrement.

Si une chaîne de transmission se termine aujourd'hui, les enfants qui sont nés en 2010 et par la suite prendront d'autres chemins, avec d'autres valeurs. D'autres sillons fertiles. Peut-être qu'ils forgeront de nouvelles chaînes de transmission. Si une révolution climatique se produit, qui fait s'effondrer le monde tel que nous le connaissons aujourd'hui, c'est bien possible. Et peut-être cela est-il bien ! Le déclin des civilisations est inévitable, comme l'explique Michel Onfray. Le déclin est peut-être nécessaire pour que soit préservé ce qui est le plus important…

Ce qu'aujourd'hui il faut garder de votre expérience, c'est que tout est possible si on en a la volonté. Dans un monde où tout peut arriver.

Via mon jardin agroécologique et via mes écrits, j'espère faire de mon mieux pour aider les jeunes générations à imaginer leur nouveau futur. Pour les aider à trouver la volonté de vouloir un monde meilleur qu'aujourd'hui et ne pas se contenter d'une mollesse administrative qui étouffe tout, ne pas se tourner vers le mythe du passé meilleur ni vers le mythe du futur transhumaniste. Un auteur dont j'ai oublié le nom disait que c'est dans le clair-obscur que naissent les monstres, quand une époque se termine et que la suivante n'est pas encore montée.

Nul doute, chères grand-mères, que comme votre génération, il faudra que la jeune génération se batte pour son avenir. Les monstres ne sont pas les mêmes, mais ils prennent en ce moment une forme de plus en plus distincte. Méfions-nous des fausses fraternités qui reposent sur l'argent comme unique vecteur économique. Méfions-nous des fausses fraternités qui sous couvert d'épanouissement individuel isolent les individus les uns des autres pour les rendre d'autant plus semblables.

Je vous embrasse tendrement. Votre petit-fils

PS : Extrait du livre *Les secrets de Montfort*

– Oui, maître, nous la jeune génération nous n'avons plus de valeurs. Nous ne savons plus rien. Nous ne valons rien. C'était mieux avant...

– Oiselier, tu me taquines. Mais non, je ne pense pas en mal de ta génération. Si les jeunes ne savent rien, c'est parce que nous les vieux ne leur transmettons rien. Nous sommes responsables, responsables de transmettre les savoirs, comme de ne pas les transmettre. Ah, quand on est vieux, on voudrait se reposer sur nos lauriers, après un labeur de toute une vie. Mais non, on n'en a pas le droit : il faut encore qu'on fasse l'effort de transmettre aux jeunes. Les jeunes, qui ne savent pas encore se concentrer et qui n'ont pas encore appris la patience.

– Les personnes âgées veulent toujours nous dire quoi faire, c'est étouffant.

– Non Oiselier. Tu ne dois pas le voir ainsi. Nous les vieux, on n'a que du passé dans nos têtes. Des souvenirs. On vous les donne ces souvenirs, à vous les jeunes, pas pour que vous fassiez tout exactement comme nous, mais pour que vous fassiez votre chemin à partir de quelque chose. À *partir de* ce qu'on vous lègue. On ne veut pas vous imposer un chemin, on veut juste vous dire que ceci et cela existe, ceci et cela on l'a fait, ou pas, *et que ce savoir transmis soit pour vous un point de départ*. Plutôt que vous ne partiez de rien. Je suis vieux aujourd'hui, je l'admets, même si dans ma tête je me sens tout fringant. D'ailleurs, quand j'étais jeune, j'avais l'impression que mon maître voulait me mener à la baguette ! Vois-tu Oiselier, c'est quand on a vécu longtemps qu'on comprend la signification des premières années de la vie.

QUEL HONNEUR POUR LA FRANCE ?

Un stratagème politique pour bannir l'utilisation du mot *honneur*

La France est-elle un pays d'honneur ? Mais qu'est-ce que l'honneur ? Voilà un mot qui, comme le mot de *morale*, a perdu sa place dans le vocabulaire quotidien. L'honneur est une notion désuète, mise au placard parce que renvoyant au code d'honneur des chevaliers et surtout parce que renvoyant à l'égo de la noblesse française, qui durant tout le Moyen-Âge a maintenu la France dans un état de guerre perpétuelle. Tel duc se sentait offensé de ne pas recevoir des privilèges accordés par le roi, alors qu'un autre Duc en recevait ? Cela suffisait pour partir en guerre, mettre en péril les récoltes et faire germer la famine.

Bien sûr, la réalité n'était pas aussi simple ! Mais c'est *l'image* que nous nous faisons aujourd'hui de ce passé, qui est simpliste. Cette image simpliste, chaque jour, nous justifie et nous conforte dans l'abandon du mot honneur. Parce qu'aujourd'hui, le mot a des « relents d'extrême droite », de nationalisme. Et, étant donné que par le passé ce mot n'a pas apporté de bonnes choses, on pense aujourd'hui qu'il est bon de l'abandonner définitivement. Certes, il existe tout un tas de bonnes raisons de ne plus vivre sous le régime féodal régi par le code d'honneur, c'est évident. Mais comment a-t-on procédé pour relier le mot d'honneur à l'extrême-droite, au nationalisme, au fascisme, à l'antisémitisme, au racisme ?

Michel Onfray nous explique cette stratégie politique qui a définitivement fait bannir le mot d'honneur. Ce serait François Mitterrand qui aurait mis la gauche politique sur ce chemin que « la nation, c'est la guerre ». Cette formule de Mitterrand, limpide, raccourci impressionnant, semble évidente et inattaquable. Elle semble inévitable au regard de l'histoire, la haine entre nations ayant effectivement engendré les guerres qu'on sait en Europe. Qui dit nation dit honneur. Bannissons les nations, bannissons l'honneur des nations, l'honneur des peuples. La formule a tout de l'évidence – on ne fait pas d'omelette sans casser des œufs.

À première vue c'est évident. Mais à y regarder de plus près, cette évidence tient moins du bon sens que de la *fatalité* : il n'y a pas d'autre choix. Voilà ce que Mitterrand disait : il n'y a pas d'autre choix que d'en finir avec les nations, sous peine de réenclencher une logique guerrière. Donc cette formule est censée, dans les mots de Mitterrand, soutenir l'émergence d'une Europe progressiste, économiquement et socialement homogène, garante de paix et de progrès social et technique. Dans cette Europe économiquement et socialement homogène, l'honneur national n'aurait plus de raison d'être. Il n'y aurait plus aucune raison de faire la guerre, parce que les nations cesseraient d'être, au profit d'individus européens jouissant tous des mêmes droits et des mêmes devoirs. Une unique communauté d'individus égaux, que plus aucune frontières ne séparent.

Mais « la nation c'est la guerre » ressemble plus au « there is no alternative » de Margaret Thatcher. Parce que la vérité, dévoilée par Onfray, est celle-ci : la formule masque le projet d'une Europe libérale, avec une économie dérégulée comme aux États-Unis, la fin des assurances sociales publiques et la marchandisation de tout ce qu'il est possible de marchander. Or, et on le constate aujourd'hui, les peuples des nations européennes ne veulent pas d'une telle Europe, où la sécurité sociale serait remplacée par des assurances privées, qui permettraient aux seuls riches de bien se soigner. Entre autres dérives inhumanistes qui découlent d'une marchandisation totale de la société ! Une telle société dérégulée est une société qui renonce à l'éthique tout simplement ! Une telle société ne mène peut-être pas à la guerre, mais elle mène très certainement à d'autres formes de malheur apocalyptique. C'est pour cela que les peuples n'en veulent pas. Mais Mitterrand, et ses amis de la « fausse gauche », ne veulent pas qu'une troisième voie se dessine sous l'impulsion des associations humanistes et progressistes. Donc, pour briser tout volonté de maintenir une idée de nation, qui pourrait retarder l'avènement d'une Europe libérale et antisociale, il fallait un stratagème pour que le concept d'honneur national ne soit plus évoqué par personne. Et surtout par les associations humanistes et progressistes. Mitterrand, et la fausse gauche, ont donc commencé à répéter comme un mantra le message que la fierté nationale était un sentiment passéiste et funeste. Parce que ce serait sous-entendre que l'honneur d'une nation n'est pas le même que celui d'une autre nation. D'où in fine la guerre, inévitablement, avec son lot de barbaries, dont l'antisémitisme et la Shoah… Ils ont imposé l'idée que soit on est pour l'Europe égalitariste, soit on est pour la guerre entre nations. Idée doublement fausse parce que rien n'oblige à ce choix et parce que la promotion de l'Europe égalitariste sert en fait à masquer la construction d'une Europe de la marchandisation totale et de la déconstruction du bien-être commun.

Je me rallie à cette explication donnée par Onfray : l'idée d'honneur national a fait les frais d'un mensonge politique éhonté. On a voulu la mettre dans les poubelles de l'histoire, afin qu'elle ne puisse plus être reliée à l'humanisme et au progressisme. Mais des philosophes comme Michel Onfray, merci à lui, ont repéré ce stratagème et l'ont mis sur la place publique, rendant possible les réflexions préliminaires à *la troisième voie : une nouvelle forme d'Europe, une Europe des Nations, où chaque nation vivrait selon son code d'honneur sans pour autant vouloir casser la tête à ses voisins, sans pour autant sombrer dans le fascisme.* Chaque nation exprimerait son identité dans un contexte de paix, comme chaque personne qui constitue un groupe d'amis ne renonce pas à sa personnalité, et c'est cela qui rend le groupe possible et qui permet que le groupe soit plus qu'une simple juxtaposition de clones – ce qu'est en train devenir l'Europe libérale, hélas. Car le libéralisme et la dérégulation économique exigent un « marché » le plus grand et le plus homogène possible. L'Europe actuellement en construction ne fait que rendre les individus égaux sur un seul plan : celui de la soumission économique.

Le mensonge étant maintenant dévoilé et connu, il en découle qu'on peut reparler d'honneur national sans être contre l'Europe et sans pour autant cultiver dans l'ombre le désir de faire la guerre à nos voisins. Je crois que cette façon d'envisager la réalité, cette troisième voie, est possible et qu'elle n'est ni une utopie ni une construction intellectuelle que seuls les « bac+5 » peuvent comprendre et mettre en œuvre.

Je dois ici repenser au sociologue qui, en 2014 ou 2015, avait été invité à l'auberge paysanne au Mesnil-Rouxelin, près de Saint-Lô, et qui à la question de « que veut le Front National ? », avait répondu que ce parti ne veut rien d'autre que fermer les frontières et faire la guerre. Voilà qui a effrayé l'auditoire, qui était un auditoire de gauche évidemment.

L'honneur individuel

Maintenant que j'ai posé que j'ai le droit de parler de l'honneur de la France, je vais commencer par définir ce qu'est l'honneur. Voyons d'abord l'honneur individuel.

Vivez-vous une vie sans honneur ? Ou une vie honorable ? On peut dire que *vivre sans honneur, c'est vivre sans faire d'effort*. Une vie de farniente et d'assistance est une vie sans honneur. L'homme honorable se fixe un ou des objectifs éloignés, et fait moult efforts pour les atteindre : c'est cela vivre de façon honorable. L'homme d'honneur est un homme de mouvement, qui vient de quelque part et va vers quelque part. L'honneur implique de faire, de bouger, de changer, d'oser, de prendre quelque risque, de faire quelque pari. La vie du « petit bourgeois » est sans honneur : le petit bourgeois ne veut qu'une vie de routine dans l'argent. Il peut faire des efforts au début de sa carrière, afin d'atteindre le niveau social qu'il convoite, mais par la suite il s'installe dans la routine, la sécurité, la prévisibilité, le confort avant tout. Il ne bouge plus. C'est une vie sans défis. La vie d'un homme d'honneur comporte des défis : il s'agit d'atteindre des objectifs, d'aller vers l'avant.

Ceci dit, on voit que l'inverse peut aussi être qualifié d'honneur. Protéger des valeurs, des savoirs et savoir-faire, des traditions, des patrimoines, qui sont menacés, établit dans l'honneur les protecteurs. On avance et on protège ce qui par le passé a permis d'avancer : voilà une vie doublement honorable.

L'honneur implique donc le respect. Le libéralisme économique est la doctrine selon laquelle tout peut être vendu et acheté. Même la confiance, même l'amour. Le libéralisme comportemental est la doctrine selon laquelle l'être humain n'a pas à retenir ses pulsions. Il doit vivre comme il l'entend, sans se retenir. Il doit tout exprimer. « Il est interdit d'interdire », « jouissez sans entrave ». Ces deux doctrines ne sont pas honorables, parce qu'elles mettent tout au même niveau : tout se vaut. Et quand tout se vaut, rien ne vaut. Dans ces sociétés, l'ignorant a les mêmes droits que le sachant, le fainéant que le travailleur. Le promoteur immobilier a le droit de bétonner des centaines d'hectares de terre agricole, et l'écologiste a le droit de manifester dans la rue pour dire que ce n'est pas bien. Quelle hypocrisie ! Dans cette société, l'argent seul régit les rapports : quelle hypocrisie, encore ! La notion de respect perd sa signification, parce qu'il n'y a plus que l'argent qui est respecté. Plus d'honneur, donc plus de mouvement : ces doctrines mènent à une liquéfaction totale de la société dans une seule et unique flaque de boue. La société où tout est possible s'étale dans tous les sens, comme la cire d'une bougie.

Une société avec de l'honneur, c'est une société qui brille sans consommer sa substance. C'est une société durable.

La femme ou l'homme d'honneur est encore *une personne qui a le souci des conséquences*. Parce qu'elle est dans un mouvement. La personne sans honneur ne vit que dans le temps présent, pour satisfaire au plus vite ses besoins sans se soucier des autres autour de lui et après lui. Cet égocentrisme lui occulte les effets en retour que son comportement auront sur elle-même. Pire encore, le manque d'honneur, bien souvent, se manifeste par des ripostes morales à l'encontre des personnes affligées par les conséquences de l'égocentrique. La personne sans honneur se reconnaît à ce qu'elle répète inlassablement qu'elle fait ce qu'il y a de mieux à faire, voire qu'elle fait aussi bien qu'il est possible de faire. Elle doit se justifier sans cesse avec de tels arguments, arguments qui n'auraient pas lieu d'être si elle disait la vérité.

L'homme sans honneur dit aussi, souvent, qu'il faut faire des compromis. Il dit que les compromis sont le signe des gens sérieux, car seuls les idéalistes ne font pas de compromis. Celui qui se compromet ne vit que dans le présent ; il ne pense qu'à aujourd'hui, donc pour lui il est nécessaire de tronquer un idéal, un objectif, une valeur[10]. L'homme sans honneur vante le compromis comme fondement de la durabilité ; le compromis comme étape pour aller du passé vers le futur. Or le compromis n'est qu'un stratagème pour garder ce qu'hier on glorifiait. Le fumeur qui fait des compromis fumera cinq cigarettes au lieu de dix, l'agriculteur des compromis se contentera de ne pas utiliser de pesticides tout en gardant des objectifs de production maximale par heure de travail. Bref, l'homme sans honneur invoque la nécessité de faire des compromis afin de ne changer que les détails pour garder l'essentiel ! Afin de ne changer qu'un détail pour garder coûte que coûte une habitude. Il y a trop de ces gens-là en France, élus et responsables. Par leur autorité et avec l'argument d'autorité, ils maintiennent les

---

10 Je vois trop de ces gens-là en agriculture.

foules dans les voies déjà tracées. Résultat : la France est un pays stagnant.

L'homme d'honneur a donc, enfin, une certaine compréhension de la Vérité : la Vérité est *mouvement*. Parce qu'il ne sert à rien de vivre si c'est pour répéter toujours les mêmes actions.

L'honneur d'une nation

Dans les pages précédentes, vous aurez reconnu, je n'en doute pas, notre société actuelle. Une société qui autorise les États et les banques à dépenser l'argent sans compter, tout en mandatant les États pour punir les citoyens qui ont trop de dettes. La pourriture est en haut : quand un président rénove le service à vaisselle de l'Élysée pour un demi-million d'euros, alors que la dette du pays atteint les 2000 milliards d'euros, c'est la preuve que ce président ne sait pas ce qu'est l'argent public. Donc il ne sait pas ce qu'est l'État. Donc ce qu'est la nation.

Mais bien sûr, dirait Onfray ! Ce président a été élu justement pour poursuivre le projet d'Europe libérale et antihumaniste, sous couvert d'Europe égalitariste. Dormez braves gens…

Aujourd'hui, il faut donc préparer le futur. Et cela démarre, entre autre, par redéfinir ce qu'est l'honneur de notre pays. Je dis entre autre, parce que cet honneur de la France, qui englobe tout le contenu de mon livre *Réflexions politiques*, doit lui-même être englobé dans le nouvel idéal de vie que je détaille dans mon autre livre *Nagesi* : un idéal de vie en harmonie avec la Nature, pour que notre évolution, en tant qu'espèce, puisse se poursuivre. Si l'on considère une grande échelle de temps, cet idéal de vie se situe au niveau de notre espèce, quand l'honneur dont il est ici question est limité à un territoire donné et à une époque donnée. *L'honneur de la nation est un élément de politique, mais, pour bien faire, il faut inscrire cet élément de politique dans la grande histoire de notre espèce.* D'où venons-nous ? Où allons-nous ? Une personne d'honneur inscrit toujours la petite histoire dans la grande histoire. Parce qu'une personne d'honneur est humble. Elle ne préempte pas *toute la durée du continuum temporel* pour elle seule[11]. Chacun d'entre nous ne vit que quelques années. Faut-il vivre comme si le passé et le futur n'existaient pas ? Ou faut-il les prendre en compte dans nos décisions quotidiennes ?

Bref, la réponse étant évidente, allons maintenant à la question centrale de ce texte : qu'est-ce que *l'honneur de la France* ? Soyons certains de bien mesurer l'importance de l'honneur d'une nation. L'honneur d'une nation est ce qui la guide. Ce qui définit ses objectifs. C'est évident que les personnes politiques des trente dernières années ont été de moins en moins aptes à pouvoir définir en quelques mots ce qui guide la France. Le général de Gaulle avait su le faire, dans ses discours pour reconstruire la France dès la fin de la guerre. Selon moi, le général voulait redonner à la France son honneur, et son honneur c'était selon lui *l'ordre de l'État Républicain*. C'était cela seul qui referait de la France un pays à l'égal des grands gagnant de la guerre, espérait-il. Et qui permettrait à la France de continuer à exister sans devenir leur serviteur. Churchill et Roosevelt, face à qui de Gaulle a dû s'affirmer, auraient aimé

---

11 Comme nous l'inculquent – de façon subliminale – toutes les publicités des grandes entreprises industrielles, qui sont toutes dans les mains de financiers gras et avachis dans leurs fauteuils, qui sont les mêmes financiers qui gèrent la banque où vous avez votre argent. Des personnes d'honneur, ces financiers, qui vous disent comment bien vivre…

reformer une France à leurs souhaits[12], une France colonisée. Mais le discours de Bayeux du général a définitivement entravé ces plans. *L'honneur d'une nation permet rien moins qu'à une nation d'exister.*

À défaut d'entendre dans les partis politiques convention-nels ces quelques mots qui guident la France et lui permettent d'exister et, surtout, de disposer de son avenir, je vais donc en proposer moi-même ! Oui, il suffit de quelques mots pour exprimer l'honneur d'une nation, mais ces quelques mots, je ne les entends nulle part.

Rapidement, pourquoi faut-il que cet honneur soit défini en quelques mots seulement ? Le monde d'aujourd'hui est si com-plexe, qu'il peut paraître insensé d'y guider une nation avec juste quelques mots, qui définissent une seule pensée simple. Une définition en si peu de mots peut-elle être de qualité ? Peut-elle avoir des effets, et surtout des effets positifs et pas des quantités et des quantités d'effets négatifs. L'actuel pré-sident américain Donald Trump est un homme simple, et, en effet, on constate que sa simplicité a des conséquences regret-tables. Pour le détail de ces problématiques, je renvoie le lec-teur à mon texte sur le nouvel idéal de société dans *Nagesi*. Ici je me contenterai d'affirmer que l'honneur d'une nation doit être exprimé en quelques mots pour que chaque citoyen les connaisse, ces quelques mots !

L'honneur de la France, c'est l'art de vivre.

---

12 In PATRICK ROTMAN, *L'été 44*, Kuiv productions, 2004

Voilà ce que je propose pour notre nation : l'art de vivre. *Qu'est-ce que l'art de vivre ? C'est tout ensemble savoir faire, savoir penser et savoir aimer.* Qu'est-ce que savoir faire, savoir penser, savoir aimer ? C'est la conscience professionnelle, c'est la curiosité guidée par la méthode, c'est l'expression des émotions. Qu'est-ce que la conscience professionnelle ? La curiosité guidée par la méthode ? L'expression des émotions ? Etc etc etc. L'art de vivre, et son premier niveau de définition que je viens de donner, est comme le pyramidion au sommet de la pyramide ; c'est le premier élément de *définitions en cascade.* Des définitions qui gardent une cohérence entre elles à tous les niveaux de déclinaison. De sorte que in fine, dans la vie quotidienne, un chercheur en biologie, dans une salle de restaurant conçue par un architecte joueur, aura une idée géniale en dégustant un repas fait par un chef cuisinier passionné par son métier. Cet honneur de la France implique de redonner toute sa place et toute sa valeur au travail manuel, à la dextérité, à l'expérience, à la sensibilité, et de redonner sa place à ce que cet espace géographique qu'on nomme la France peut nous donner quand on le gère avec respect : des aliments sains, des textiles de qualité, des pierres et des bois de qualité. Cet honneur de la France, cet art de vivre, impliquera, un jour, d'abandonner l'actuel système monétaire. Plus précisément, il conduira à l'abandon de l'argent. Au 22 ou au 23e siècle je pense[13].

---

13 Ça fait bien loin, me direz-vous ! Je sais, mais nous serons tous là pour vivre ça. Non pas sous forme de cyborg ou autre bidule transhumain, mais en tant qu'humains. Peut-être ! La doctrine matérialiste nous enseigne que la mort est définitive, et que la vie d'un individu est totalement dénuée de sens. Un de plus ou un de moins, quelle importance ? La conscience individuelle s'arrête totalement lorsqu'on meurt. Point. Nous sommes là parce que le hasard nous a fait apparaître : c'est la doctrine actuelle. Au contraire, les grandes religions enseignent l'existence d'un paradis après la mort ou la réincarnation. Mais entre le néant matérialiste et la réincarnation et les paradis religieux, il y de l'espace pour plein d'autres conceptions. Ainsi, par-

Pour comparer, je dirais que l'honneur des États-Unis est de faire montre de puissance au niveau mondial. Que celui de l'Angleterre est de régner par l'argent. Que celui de l'Allemagne est de produire des machines fiables et solides. Bien sûr, je fais là de grossières exagérations. L'honneur américain et anglais, ainsi définis, sont contestables. L'Angleterre et les États-Unis ont par exemple légitimé les paradis fiscaux et les entreprises « boîte aux lettres », ceci afin d'éviter de créer une sécurité sociale publique, entre autre. C'est totalement anti-humaniste. Mais ces pays vivent en cohérence avec leur honneur. Et ils parlent de cet honneur et ils l'affichent haut et fort. Les Américains et les Anglais se vantent de leur absence de système de sécurité sociale. Au contraire de la France. Parce que depuis Mitterrand on a répété et répété sans cesse aux Français que la

fois j'aime à penser que la conscience ne s'éteint pas totalement quand on meurt. Pourquoi avons-nous conscience du passé qui nous a coconstruit, et du futur auquel nous donnons progressivement forme ? En tant qu'individu, en tant que culture, en tant que nation, en tant qu'espèce ? C'est parce que – dans cette mienne conception – nous vivons depuis toujours. Nous avons tous vécu il y a 5000 ans. Il y a 65 000 ans. Nous serons toujours là dans 1000 ans. Nous avons mené les guerres d'Alexandre le Grand et de Genghis Kan. Si le hasard, ou une suite logique d'événements matériels, nous avait fait émerger, nous n'aurions conscience que de l'instant d'émergence. Nous ne serions que causes et conséquences, comme une bille qui rebondit sur une marche, qui ignore qu'elle a rebondi auparavant sur une autre marche plus haute et qu'elle rebondira sur celle plus basse. Nous n'aurions pas conscience du temps.

Que je mette cette conception totalement imaginaire dans un texte à vocation politique, a fortiori un texte aux enjeux très importants et très concrets, peut vous surprendre, j'en conviens. Mais imagination libre et souci du réel vont de pair. Je veux relier la métaphysique et la politique ! Pour donner sa juste étendue et son juste poids à la réalité, il faut savoir ce qu'est l'imaginaire. On a longtemps fait croire que seuls les experts en politique et les professionnels de la politique étaient les plus aptes justement parce qu'ils sont spécialisés. Je crois que c'est là une grave erreur. L'histoire montre que les grands personnages politiques ont toujours une vision très large de la vie. Une vision qui dépasse les bornes du système économique en vigueur.

nation c'est mal. Donc que toute forme d'objectif national est à bannir[14]. Nous, on n'a le droit de se vanter de rien. Alors on passe notre temps à râler. Ce qui ne fait pas avancer pour autant...

Les personnes politiques n'aiment pas parler d'honneur, pour les raisons expliquées plus haut. Mais aussi parce que parler d'honneur implique, comme expliqué, des définitions en cascade, donc un sens aigu de la *cohérence*. Or les programmes des partis de gouvernement sont compliqués. Inévitablement les membres de ces partis disent tôt ou tard des incohérences. Eux-mêmes tombent dans les espaces vides ou les tas de foin de leurs programmes mal conçus. Seul un objectif simple, en quelques mots, peut garantir la cohérence d'un programme politique. Simple, mais pas simpliste ! Attention ! Il s'agit plutôt de parcimonie, qui est la combinaison de la simplicité, de l'efficacité et de l'élégance. Cf. *Nagesi*[15].

L'honneur d'un pays, c'est comme un moule des consciences. Quand ce moule est cassé par une génération ou par une époque pluri-générationnelle, les définitions en cascade ne sont plus que partiellement transmises. La cohérence se perd. La chienlit s'installe, le plus fort prend le pas sur le plus faible, le plus riche sur le plus pauvre, les institutions fondent, comme la cire de la bougie, en une boue égalitariste du « tout se vaut », où hypocrisie et autorité cohabitent...

---

14 Vous vous demandiez pourquoi les lois votées sont de plus en plus inefficaces ? Maintenant vous savez pourquoi : il s'agit de décrédibiliser toutes les lois nationales. Afin de faciliter, dès à présent, la mise en place des lois européennes, qui à terme remplaceront les lois nationales. C'est à un effacement progressif de la nation que nous assistons. La fin d'une nation : les guerres « traditionnelles » n'avaient pas d'autre but...
15 Dans *Nagesi*, je vous renvoie aussi au texte *l'art de penser par soi-même*.

L'honneur permet la cohérence. La cohérence permet la responsabilité, qui elle-même permet l'autorité. L'autorité permet les lois, qui départagent ce qui est possible de ce qui n'est pas possible. Ainsi une société tient-elle debout au lieu de s'avachir.

Sans honneur, les lois deviennent fantoches[16]. Les élus deviennent laxistes : pas de contrôles, petits arrangements entre particuliers et administrations, corruption, tout cela est bien connu depuis les années 1970. Cela a des conséquences : personne ne veut, aujourd'hui, respecter la loi de bon cœur, car il y a trop de passe-droit, trop d'autorisations d'exemption, trop d'exceptions. Donc quand une loi absolument vitale sera un jour nécessaire, le peuple ne l'appliquera pas. Et quand il y aura une catastrophe, les réflexes d'organisation et de rigueur étant perdus parce que les lois fantoches ont des mises en application qui frôlent le ridicule, les conséquences de la catastrophe seront accrues. Parce que les réflexes ne reposent pas sur des théories intellectuelles compliquées. Les réflexes reposent nécessairement sur des phrases simples, des mots au sens fort et clair. Par exemple la prolifération des termes administratifs (il suffit de voir une feuille de paye) a pour conséquence l'impossibilité de prendre des mesures fortes et nettes. L'administration française, et la sécurité sociale française, ne se laissent plus réformer. C'est impossible, c'est trop tard, on a laissé s'accumuler trop de vocabulaire et de façons de penser superflues. Sur ces excroissances qui ont pris trop de poids, on ne peut plus rien poser. Par manque d'honneur, on les a laissées – pour ne pas dire qu'on les a volontairement laissées – se complexifier et perdre tout lien avec la réalité. L'exemple actuel de la mise en

---

16 Lois décrites dans *Réflexions politiques*.

place du prélèvement à la source des impôts est une honte pour la France. Une honte. Il faudrait destituer immédiatement de leurs fonctions les personnes qui ont inventé et qui mettent en place ce système. Il faut refuser cette nouvelle chienlit, cette complexité qui, sous couvert d'égalité des droits, a en fait pour objectif de décrédibiliser encore plus l'État. Parce que le président Macron, dans les pas de Mitterrand, déteste la France en tant que nation. Comme il ne peut pas décréter la fin de l'État français, il le sape sous couvert d'humanisme. Il fait d'une pierre deux coups : il décrédibilise et l'État et l'humanisme. Ne vous y trompez pas : la dégénérescence de l'administration et la dette nationale qui s'envole sont programmés, sont voulus…

Voilà, je connais ces quelques mots qui peuvent guider la France. Maintenant il ne me reste plus qu'à trouver un parti politique en phase avec mes convictions. Un vœu pieu !

L'ILLUSOIRE MÉRITE

Quand je raconte à des personnes mon trajet de vie, de la France à l'Allemagne via divers pays, de la mécanique pour vélo à la toxicologie au jardinage et à l'écriture, je leur donne l'impression d'être quelqu'un d'original. C'est même pour cette raison qu'un journaliste de La Manche Libre m'a un jour contacté, pour faire une pleine page sur moi dans son journal ! Mais j'ai refusé l'interview. Il a bien essayé de me convaincre, me disant que cela pourrait bénéficier à mes ventes de légumes comme de livres. Mais ça ne m'intéressait pas. Car ma vie, ce que je fais, n'a aucun mérite. Si mérite il y a, il revient à mes parents, qui ont eu le courage de partir travailler hors de France, avec deux enfants en bas âge. De là découle tout mon trajet de vie.

Je n'ai aussi aucun mérite du point de vue agricole ; car pour autant que je cultive avec toute ma conviction, je n'en suis pas moins quelqu'un qui ne court pas après l'argent. Mon chiffre d'affaires est bien petit, et je préfère laisser les lumières de la presse aux maraîchers bio qui « sortent du légume » et font 50 000 € de CA annuel par UTH[17]. Eux sont sérieux, eux cotisent beaucoup, eux font tourner l'économie. Moi je ne veux pas travailler ainsi. Parce que cela passe d'abord par un nourris-sage en règle des banques. Ensuite parce que cela implique de faire des compromis quant à la qualité de son sol et donc la

---

17 UTH : Unité de Travail Humain. Un peu comme UGB : Unité Gros Bétail.

qualité de ses récoltes. Je ne veux pas faire tout ça, donc je leur laisse la lumière et le mérite qu'est censée apporter une pleine page dans un petit journal local.

Je n'ai aucun mérite non plus dans mon activité d'écriture, car je ne cherche pas à atteindre le grand public. Je ne veux pas spécialement « devenir connu ». Je ne vois aucun intérêt à ce que mon nom s'inscrive dans le flot incessant des articles de presse ou des critiques de livres, tous papiers qui finissent au composteur dès le lendemain de leur lecture. Et si une chose me fait horreur, c'est bien de voir ces milliers de livres à prix cassés dans les magasins de déstockage ; leur ultime chance avant de finir broyés. Mes livres auraient toutes les chances de finir ainsi, c'est évident. Dans le flot incessant des « nouveautés littéraires », flot véritablement énorme parce qu'il se déroule maintenant aussi sur internet, quelle importance qu'on puisse y lire mon nom, ou pas ?

Je ne cours pas après le mérite, car je n'ai pas la volonté d'être reconnu, dans aucun domaine. Le mérite, ça se mérite ! Ça se veut ! Mérite et reconnaissance sont identiques. Il y a quelques années, je le souhaitais, mais plus maintenant. À quoi bon ? Ceux qui cherchent trouveront mes livres, et ceux qui cherchent trouveront aussi les légumes et les petits fruits de mon jardin. Les gens qui ont les mêmes intérêts et les mêmes perspectives que moi croiseront un jour mes livres, et ce ne sont que ces personnes-là que je veux atteindre. Ce ne sont que ces personnes-là à qui mes récoltes et mes livres peuvent profiter. De même que moi je ne vais que vers un certain type de personnes et j'évite certains types.

Suis-je quelqu'un dans la force de l'âge qui change de vie, pour abandonner agro-industrie et participer à l'avènement d'une agriculture meilleure ? Oui, et pourrait-on me dire que j'ai bien du mérite à faire ce que je fais ? Vous-même lecteur vous changez vos habitudes alimentaires, vous éteignez les lumières en sortant, vous ne gaspillez pas ? Tant mieux, et alors ? Vous et moi n'avons aucun mérite à faire ce que nous faisons, et a avoir fait les efforts que nous avons faits. Voyez cette personne qui vient de s'acheter un 4×4 polluant, qui mange de la viande rouge à chaque repas, qui veut dépenser le moins possible pour son alimentation. A-t-elle du mérite ? Voyez ce cas social, qui n'a pas le courage de nettoyer son jardin, qui ne fait que rester devant la télévision. A-t-il du mérite ? Non, personne n'a de mérite, car chacun de nous ne fait que suivre son destin. Chacun de nous ne fait que ce qu'il pense être bien pour soi-même. On fait ce qu'on pense être juste pour soi-même, dans les limites de nos capacités et dans les limites de nos champs de vision et de savoir. Je ne fais pas d'effort, et vous non plus, pas plus que n'en fait ce cas social accoutumé à la télévision.

Au nom de quoi réclamer du mérite ? Car on ne fait jamais que ce que la vie nous permet de faire, avec ce que la vie nous a donné. Le seul mérite, et là nous sommes tous égaux, est d'être vivant. Voyez ce gras jeune homme, fils de bonne famille, qui ne sait pas comment dépenser la somme colossale d'argent dont dispose sa famille. Il flambe, il flambe, il achète des voitures, de l'alcool, des prostituées. On pourrait dire qu'il n'a pas de mérite. Qu'il n'a fait aucun effort pour disposer de tout cet argent et de ce confort de vie. Mais ce serait là mal penser. Ce serait là juger. Or ce gras jeune homme se construit un futur selon ce que le livre du destin contient pour lui, rien de plus, rien de moins. Il peut bien passer en une du journal pour avoir acheté une bouteille de champagne à 10 000 €, et alors ?

Le mérite n'est qu'un concept humain pour établir une *hiérarchie* parmi les humains. Mettez le gras jeune homme, le cas social, vous et moi devant la Nature, et nous serons à égalité. Nous aurons tous des joies et des peines. Abandonnés dans la nature sauvage, peut-être que le cas social mourra en premier, puis le gras jeune homme puis vous et moi. Et alors ? Quel mérite pourrais-je en tirer de mourir en dernier ? À l'échelle de l'humanité chacun de nous est remplaçable et interchangeable. Toutes les idéologies de toutes les sociétés affirment que l'être humain est important. Peut-être cela est-il nécessaire pour notre équilibre mental ? Courir après le mérite, qu'il soit patriotique, économique, idéologique, agricole, littéraire, fait qu'un jour on peut effectivement acquérir du mérite. On peut nous reconnaître du mérite : « Il a fait beaucoup d'efforts, il travaille dur, il est très créatif, il est très observateur, etc. » Et alors ? Je crois que ce mérite est, comme tout vêtement, quelque chose qu'on n'emporte pas avec nous dans l'au-delà. Prenez conscience de tous les miséreux, de tous les indigents, qui chaque seconde meurent de par le monde, dans la saleté, dans la puanteur, dans le mépris, hommes, femmes, enfants, vieillards, rachitiques, maigres, perclus de souffrances. Ils ne sont pas moins humains que Winston Churchill ou Barack Obama ou Pierre Rabhi. Ou Gandhi. Ou vous ou moi !

Ces indigents et ces miséreux n'ont pas eu leur nom inscrit dans le flot des extatiques médias de masse. On ne leur reconnaît aucun mérite. Et alors ?

Chacun de nous ne peut faire qu'une ou deux choses avec ce que la vie lui met dans les mains. Ainsi, au vu de mon milieu de naissance, au vu de ce que la génétique m'a donné comme cerveau et comme sensibilité émotionnelle, mon trajet de vie n'est pas du tout surprenant.

L'épanouissement personnel ne peut qu'être entravé par des considérations de mérite. In fine je pense que l'épanouissement personnel ne se laisse pas mesurer par aucune notion sociale d'effort, de travail, de persévérance, etc. C'est justement quand on se libère de toute forme de comparaison avec autrui qu'on s'épanouit. Eh oui, me comprenez-vous ? Ce que je fais dans mon jardin donne du sens à ma vie parce que je m'en fiche des répercussions que cela peut avoir dans la société. De la société je n'attends rien en retour ! Rien du tout ! Avant j'avais des attentes, des attentes de reconnaissance, des attentes que de meilleurs lois soient mises en place par exemple. Maintenant j'ai abandonné ces attentes. Elles étaient idiotes. Je n'en ai rien à faire du changement climatique, de la fin des abeilles, de la baisse de la biodiversité, des frelons asiatiques qui envahissent la Normandie, des pesticides qui sont dans l'eau potable et dans l'air. Une partie de moi me dit que si, que c'est important de participer à l'avènement d'une agriculture meilleure. Une autre partie me dit que c'est sans aucune importance. J'ai bien vécu jusqu'à vingt ans sans me soucier aucunement du sort de la planète et de ma santé ! Maintenant ça fait vingt ans que je vis de façon diamétralement opposée. Et alors ? Avant mes vingt ans je n'étais pas dans la Vérité. Et maintenant je ne le suis pas non plus. Parce qu'il y a tellement d'aspects de la vie, de la vie de la Nature et de la vie en société, qui sont inexistants dans ma vie. J'ignore tout du droit et de la justice par exemple, qui sont pourtant à la base de notre société ! Au regard de l'amplitude des vies possibles, ma vie est minuscule et unique. Pourquoi me demander si ma vie est importante, sinon parce que la société occidentale m'a inculqué le réflexe de me comparer aux autres. Comparaison pourtant vaine. Chacun de nous ne connaît jamais qu'une partie minuscule du spectre des possibles qu'offre la vie.

Le seul mérite que j'accepte est le mérite du pas dans l'inconnu. Le mérite de celui qui ose malgré tout. Et encore, cela fait partie du destin de certaines personnes et pas d'autres que de « sortir d'elles-mêmes ». On ne fait jamais que ce qu'on pense être capable de faire. On ne fait jamais ce à quoi on ne pense pas… preuve que notre vie est bel et bien délimitée, malgré nous. Chacune de nos actions d'aujourd'hui prépare ce à quoi nous ne nous attendons pas pour demain. Le sage qui est très vertueux et qui enseigne son expérience au plus grand nombre, se prépare pour le lendemain des problèmes en accord avec cette sagesse immense. Comme le gras jeune homme qui dilapide l'argent et abuse des drogues et des femmes : il crée ainsi son lendemain où de graves problèmes lui feront en apprendre énormément sur la vie et sur lui-même.

Je ne cours pas après l'argent, je ne cours plus après la reconnaissance, je ne cours pas après les femmes. Bref je ne cours pas. Pourquoi courir ? Par moments je me sens plus proche du creuset que du lièvre. *Plutôt que de courir, j'aime me comporter comme le creuset, dans lequel vont lentement couler, simplement, par gravité, toutes les matières de la Nature et de la vie.* Il suffit d'être un réceptacle, d'être ouvert, d'être sensible, et toute la vie vient à nous. Il suffit d'attendre que la coupe soit pleine, puis de la pencher juste un peu, pour que s'en écoule quelque chose de tout à fait fondamental parce que contenant toutes les essences de la Vie. Va-t-on encore me dire que j'ai du mérite à vivre ainsi, avec tant de calme et d'assurance ? Quand et où pencher la coupe, pour savoir cela il suffit de saisir les occasions qui se présentent, tout simplement. Voyez Lawrence d'Arabie, qui n'a rien fait d'autre que d'être au bon endroit au bon moment, fidèle à sa personne, pour que le grand plan de la révolte arabe se déplie à la perfection, ni trop tôt ni trop tard, ni trop étendu, ni trop localisé, ni trop modeste, ni trop glorieux. Une flaque d'eau n'a aucun mérite à abreuver les animaux, à hydrater les racines et à refléter les étoiles.

Fuyez tout idée de mérite par rapport à vous-même, et ne faites jamais rien d'autre que ce que vous avez envie de faire au moment présent. Votre conscience n'existe pas : il n'existe que ce qui est juste devant vous. Devant vos yeux et sous vos mains. On ne fait que les actions pour lesquels on n'a pas besoin de réfléchir. Ou bien réfléchissez si c'est cela qui est devant vous. Ou bien ressentez. L'horloge interne de l'être humain tourne toute seule, vous n'avez qu'à faire ce qui est indiqué sur le cadran. Si vous faites une même chose des milliers de fois, c'est que vous avez la volonté de la faire encore et encore. Quand vous n'aurez plus envie de la faire, vous le saurez, un point c'est tout. Et vous arrêterez et vous passerez à autre chose. Ce n'est pas votre « mauvaise conscience » qui vous titillera et vous dira que peut-être vous il faut passer à autre chose. Non, vous irez jusqu'au bout de vous-même, de votre envie, de ce que vous êtes capables de supporter. Jusqu'au point de rupture et du non catégorique. Tout comme on arrête de manger un délicieux repas uniquement lorsque que le plat est vide ou que l'estomac est rempli ! Dans ce cas-là, on ne parle pas de mérite ! Ni même de destin ! Avec tous les autres aspects de la vie c'est pareil.

A-t-on du mérite à être soi-même ? La psychologie occidentale aime à nous faire prendre conscience de notre « aliénation » : dans certains contextes nous ne serions pas vraiment nous-mêmes. Il faudrait devenir soi-même, en changeant de contexte et/ou en se changeant soi-même. Derrière cette préconisation paramédicale se trouve l'idée que nous existons véritablement quelque part ; que nous sommes une sorte de boule de conscience qui n'attend qu'une chose : prendre conscience d'elle-même afin de s'épanouir. Mais je réfute cette idée ; je crois qu'en nous il n'y a rien. C'est ce que j'expliquais dans *La question du sens de la vie* dans *Quand la nuit vient au jardin*. Il n'y en a en nous qu'un mouvement, qu'un un moteur. Un moteur qui tourne en fonction de ce qui l'entoure. Il n'y a rien de sacré ; il n'y a rien de vertical, il n'y a rien qui mérite d'être célébré. Le mérite ne sert qu'à classer les individus, qu'à les différencier, qu'à in fine justifier les discriminations et les ségrégations. Je veux que mon œuvre, agricole et intellectuelle, se situe en dehors de tout cadre de mérite. Cet illusoire mérite n'est que la bien-pensance d'une époque et d'une classe sociale. C'est une mode passagère. Chacun de nous doit vivre et accomplir ce qu'il doit accomplir dans un cadre spatial et temporel bien plus grand. En incorporant dans sa vie ces éléments qui environnent l'humanité depuis son émergence et jusqu'à sa terminaison. En incorporant la Nature, les étoiles, le soleil, le Cosmos. C'est cela la vie éternelle.